课题负责人：张海昕
课题组成员：石亚洲　赵桂莲　荆德刚　何　磊　王秋霞
　　　　　　廖丹萍　徐卫梅　张　宁　王　艳　邱华翔

本课题研究成果获评教育部民族教育发展中心优秀结项成果

全国民族教育科研课题2018年度合作（委托）课题《推进民族地区智慧幼儿园建设对策研究》（批准号：MJZXHZ18004）成果

张海昕　著

民族地区智慧幼儿园建设对策研究

中央民族大学出版社
China Minzu University Press

图书在版编目（CIP）数据

民族地区智慧幼儿园建设对策研究／张海昕著．——北京：中央民族大学出版社，2023.2（2023.4重印）

ISBN 978-7-5660-2120-5

Ⅰ.①民…　Ⅱ.①张…　Ⅲ.①民族地区－幼儿园－建设－研究－中国　Ⅳ.①G617

中国版本图书馆CIP数据核字（2022）第172891号

民族地区智慧幼儿园建设对策研究

著　者	张海昕
责任编辑	杨爱新
封面设计	舒刚卫
出版发行	中央民族大学出版社
	北京市海淀区中关村南大街27号　邮编：100081
	电话：（010）68472815（发行部）　传真：（010）68933757（发行部）
	（010）68932218（总编室）　（010）68932447（办公室）
经销者	全国各地新华书店
印刷厂	北京鑫宇图源印刷科技有限公司
开　本	787×1092　1/32　印张：5.25
字　数	94千字
版　次	2023年2月第1版　2023年4月第2次印刷
书　号	ISBN 978-7-5660-2120-5
定　价	48.00元

版权所有　翻印必究

前　言

2018年，我们申请到全国民族教育科研课题2018年度合作（委托）课题《推进民族地区智慧幼儿园建设对策研究》（批准号：MJZXHZ18004），在全体课题组成员石亚洲、荆德刚、赵桂莲、王艳、王秋霞、廖丹萍、徐卫梅、何磊、张宁、邱华翔的参与与努力下已经圆满地顺利地完成了，并且在2022年9月1日教育部民族教育发展中心组织的专家评审中被鉴定为优秀等级。在此，我向课题组全体成员以及为本研究提供支持和帮助的各地园所学校和专家学者们表示衷心的感谢。

在研究过程中，课题组一致认为，党的十九大以来，随着大数据、物联网、云计算等新一代信息技术的日趋成熟及其在教育领域的广泛应用，我国的教育信息化建设逐渐步入了一个融合创新的深入发展阶段。在此背景下，建设智慧学校、不断推进以学校为主体的教育信息化进程，逐渐成为信息时代学校变革的主题与潮流。而学前阶段作为教育的起点，其信息化的发展直接影响到未来我国学校教育的质量，智慧幼儿园的建设更是决定着幼儿园教育改革与发展的全局与走向，影响着民族地区学前教育区域性工作质量的整体提升。基于此，本研究从教育装备的角度出发，从幼儿园管理和教育教学入手，将建立科学、高效的智慧教育体系、实现信息化与教育教学融合、寻求智慧幼儿园建设对策作为研究目的。

首先，我们通过文献法确定智慧幼儿园建设的研究内容与体系。其次，在研究过程中运用调查法、行动研究、园所试点等方法对民族地区智慧幼儿园的建设现状进行剖析，发现民族地区智慧幼儿园在建设过程中普遍存在普及化程度不高、教师信息化素养不足等方面的问题。本研究的目的是提升民族地区学前教育质量、加快智慧幼儿园的建设进程。我们的建议主要包括：一是在各方主体加强联动的基础上，地方政府需加大扶持力度，保证政策落实；教育主管部门应统筹引导，解决实际困难；幼儿园需转变管理观念，提高工作效率；家长要积极配合参与管理，共创智慧环境；教育行业协会应积极参与，制定相应标准。二是从幼儿园智慧建设框架、信息化建设、信息化管理、家园共育等方面为民族地区智慧幼儿园建设提供解决方案及实践案例。

针对调研结果，本研究组联合热爱教育事业的多家科技公司，为试点幼儿园提供智慧化教育教学设备；联合一些创新企业为试点幼儿园提供安全管理系统、成长智能检测系统。结合幼儿

前言

园的工作与管理特点，开发形成专用软件。它具备管理软件的基本要素，同时体现幼教行业的特殊功能特点，即融合安全接送、教师考勤、视频监控与门禁于一体的智能化安全管理系统，希望能有助于改善幼儿园的安全环境，并有助于实现幼儿园的智能管理，有效解决幼儿园幼儿接送难的现实问题。

通过实践研究我们发现，幼儿园在装备上已经能初步借助信息化工具，但没有可遵循的智慧幼儿园建设装备规范，幼儿园智慧管理指标体系还没有建立起来。如何系统建立幼儿园管理系统、全面设计数字化多媒体课程、精准地记录和分析儿童活动，并利用大数据进行分析与评估，使幼儿园的管理和教育更加精准化、客观化、数据化，同时有效减轻教师的工作量、提高教师工作效率？围绕这个目标的研究，在学前教育领域尚属空白。

本研究建议参与调研的科技人员对成长智能检测系统进行探索。成长智能检测系统能在效率提升、科学管理、数据决策、教育均衡等方面体现其长远价值。接下来，用AI智能测评系统驱动个性化教育，减负增效，提高效率，变革方式，助力幼师，观测幼儿全方位的成长，是研究组成员将继续探讨的问题。

著者

2022年10月

目 录

第1章 背景介绍 …………………………………… 001

1.1 政策的支持 ………………………………… 001
1.2 发展的需要 ………………………………… 002
1.3 技术的诉求 ………………………………… 004
1.4 现实的渴求 ………………………………… 006
1.5 研究的方向 ………………………………… 007
 1.5.1 研究目的 ……………………………… 007
 1.5.2 研究内容 ……………………………… 009
1.6 研究的价值 ………………………………… 011

第2章 概念界定 …………………………………… 013

2.1 概念的界定 ………………………………… 013
 2.1.1 幼儿园 ………………………………… 013
 2.1.2 民族地区幼儿园 ……………………… 014
 2.1.3 智慧校园 ……………………………… 015
 2.1.4 智慧幼儿园 …………………………… 017

2.1.5 民族地区智慧幼儿园 ·················· 019
　2.2 核心的技术 ···························· 019
　　2.2.1 互联网 ···························· 019
　　2.2.2 人工智能 ·························· 020
　　2.2.3 物联网 ···························· 020
　　2.2.4 云计算 ···························· 021
　　2.2.5 增强现实 ·························· 021

第3章　现状分析 ································ 022

　3.1 美国幼儿园信息化建设现状 ················ 022
　3.2 中国幼儿园信息化建设现状 ················ 029
　　3.2.1 基础教育信息化建设现状 ·············· 029
　　3.2.2 幼儿园信息化建设现状 ················ 031
　　3.2.3 民族地区幼儿园信息化建设现状 ········ 033
　3.3 中美两国之间信息化比较分析 ·············· 034

第4章　调研结果 ································ 038

　4.1 研究设计的思路 ························ 038
　　4.1.1 研究问题 ·························· 038
　　4.1.2 研究方法 ·························· 039
　4.2 调研结果 ···························· 040

  4.2.1 幼儿园教师对教育信息化的认识度 ········· 040
  4.2.2 幼儿园教师对教育信息化的满意度 ········· 041
 4.3 信息化调研结果 ····················· 047
 4.4 应用化调研结果 ····················· 055
 4.5 研究讨论与总结 ····················· 071

第5章　对策研究 ·················· 072

 5.1 民族地区智慧幼儿园建设的内涵要求 ············ 072
  5.1.1 将民族文化融入智慧幼儿园建设中 ········· 072
  5.1.2 共享发达地区优质幼儿园的教育资源 ········ 073
  5.1.3 搭建智慧信息技术平台促进家园共育 ········ 073
  5.1.4 建立关注幼儿成长的大数据评价体系 ········ 075
 5.2 民族地区智慧幼儿园建设的实施要点 ············ 075
  5.2.1 智慧幼儿园建设存在的问题 ············ 075
  5.2.2 整合资源实施智慧幼儿园建设 ··········· 076
  5.2.3 解决推进智慧幼儿园建设工作瓶颈问题 ······ 077
  5.2.4 精准推进智慧幼儿园建设的切入点 ········· 078
  5.2.5 智慧幼儿园体系的构架 ·············· 078
  5.2.6 做好智慧幼儿园建设区域性推进工作 ······· 079
  5.2.7 实施智慧幼儿园建设的有效途径 ·········· 080
  5.2.8 实现发达地区与民族地区信息化资源共享 ····· 081
  5.2.9 发挥园长教师在智慧幼儿园建设中的主体作用 ··· 081

5.2.10 因地制宜实施民族地区智慧幼儿园建设……082
5.3 民族地区智慧幼儿园建设的对策建议……083
　　5.3.1 地方政府加大扶持力度，保证政策落实……083
　　5.3.2 教育主管部门统筹引导，解决实际困难……084
　　5.3.3 幼儿园需转变管理观念，提高工作效率……084
　　5.3.4 家长积极配合参与管理，共创智慧环境……084
　　5.3.5 教育行业协会积极参与，制定相应标准……085

第6章　解决方案……086

6.1 幼儿园智慧化建设框架设计……086
6.2 幼儿园智慧信息化解决方案……087
　　6.2.1 多媒体课程资源系统……087
　　6.2.2 游戏智能学习互动系统……088
　　6.2.3 幼儿学习效果在线测评系统……089
6.3 幼儿园智慧信息化管理方案……090
　　6.3.1 幼儿园安全智慧管理系统……090
　　6.3.2 幼儿成长智能监测记录系统……091
6.4 幼儿家园共育完善方案……092

第7章　实践探索……094

第8章 智慧幼儿园建设实践案例 097

案例1：信息化互动课程与民族幼儿园特色沙嘎游戏的巧妙融合 …… 097
案例2：利用直播实现优质教育资源共享 …………………………… 104
案例3：智慧教育 引领未来 …………………………………………… 107
案例4：借力数字平台 家园携手共育 ………………………………… 118
案例5：软硬件设施助力幼儿园管理更便捷更安全 …………………… 123

参考文献 …………………………………………………………………… 144

后 记 ……………………………………………………………………… 149

第1章 背景介绍

1.1 政策的支持

党的十九大明确提出中国特色社会主义建设进入了新时代，新时代对教育信息化有了新的使命要求，要以教育信息化全面推动、加快教育现代化，办好人民满意的教育。十九届五中全会对未来乃至2035年教育工作做出重大部署，信息化是目前世界上主要发达国家发展教育的主旋律，我国现在仍处于发展中国家行列，但对教育信息化的发展同样高度重视。2018年4月，教育部印发《教育信息化2.0行动计划》（以下简称"2.0行动计划"），明确提出到2022年要"建成'互联网+教育'大平台"的发展目标。[①] 2019年，中共中央、国务院颁布了《中国教育现代化2035》，在其重点部署的面向教育现代化的十大战略任务之中，

[①] 教育部关于印发《教育信息化2.0行动计划》的通知[EB/OL]. http：//www.moe.gov.cn/srcsite/A16/s3342/201804/t20180425_334188.html，2020-9-29.

明确提出"加快信息化时代教育变革。建设智能化校园，统筹建设一体化智能化教学、管理与服务平台"①。教育信息化已成为我国教育发展的重大战略主题，而学前教育作为基础教育的起始，其信息化的发展状况直接影响未来我国学校教育的质量。

1.2 发展的需要

学前教育不仅是基础教育的基础，更是人生规划中最为重要的启蒙阶段之一。已有研究表明，学前期是脑发育的最重要时期，适宜的学前教育项目不但能够促进儿童在健康、营养和教育等方面的发展②，而且能够改善家长家庭育儿能力，从而相辅相成提高学前儿童的入学准备状态。③ 20世纪以来，学前教育逐渐成为国家关注的焦点，学前教育信息化建设也开始提上日程。2010年7月发布的《国家中长期教育改革和发展规划纲要（2010—2020年）》第一次把幼儿园摆在国家教育总体战略

---

① 中共中央、国务院印发《中国教育现代化2035》[EB/OL]. https://www.csdp.edu.cn/article/4615.html，2020-9-29.

② 崔丽.偏远贫困地区山村幼儿园存在价值的研究[D].上海：华东师范大学，2017：19.

③ 柳倩.国际处境不利儿童学前教育政策[M].上海：华东师范大学出版社，2012：23.

的重要位置，提出到2020年要基本普及学前教育。①2011年12月，教育部发布的《幼儿园教师专业标准（试行）》中要求幼儿教师具备一定的信息技术知识。②2012年，《教育信息化十年发展规划（2011—2020年）》指出要推动幼儿园实现基础设施、教学资源、软件工具、应用能力等信息化建设与应用水平全面提升。③2014年颁布的《构建利用信息化手段扩大优质教育资源覆盖面有效机制的实施方案》提出，要通过构建利用信息化手段缩小各区域之间的差距，促进教育公平，提高教育质量，支撑学习型社会建设，形成与国家教育现代化发展目标相适应的教育信息化体系。④2017年1月，《国家教育事业发展"十三五"规划》指出，"十三五"期间，要加快发展幼儿园，继续扩大普惠性幼儿

---

① 国家中长期教育和改革规划纲要（2010—2020年）[EB/OL]. https：//baike.baidu.com/item/.2020-9-29.

② 教育部关于印发《幼儿园教师专业标准（试行）》《小学教师专业标准（试行）》和《中学教师专业标准（试行）》的通知[EB/OL]. https：//www.baidu.com/link.2020-9-29.

③ 教育部关于印发《教育信息化十年发展规划（2011—2020年）》的通知[EB/OL]. https：//www.baidu.com/link. 2020-9-29.

④ 五部门关于印发《构建利用信息化手段扩大优质教育资源覆盖面有效机制的实施方案》的通知[EB/OL]. http：//www.cac.gov.cn/2014-11/24/c_1114112447.htm.2020-9-29.

园资源供给，基本解决"入园难"问题。① 2018年11月，中共中央、国务院印发了《关于学前教育深化改革规范发展的若干意见》，进一步明确了新时代我国学前教育改革发展的前进方向和重大举措。② 在党的十九大报告中，也将"幼有所育、学有所教"放在"坚持在发展中保障和改善民生"的重要段落里。在学前阶段有效应用教育信息化手段，不仅是党和国家对幼儿园教育的殷切期望，更有助于学前教育的健康发展，给孩子讲好"人生第一课"。

1.3 技术的诉求

当现代化、信息化已成为社会发展不可逆转的趋势时，信息技术的发展、运用信息技术优化教育教学过程、推进教育教学改革、提升教育教学效率等问题也随着时代的发展凸显出来。信息技术正沿着数字化、高速化、智能化、综合化、网络化的方向迅速发展。联合国儿童基金会（UNICEF）在《2017年世界儿童状况：数字时代的儿童》报告中指出，数字技术已经改变了

---

① 国务院关于印发国家教育事业发展"十三五"规划的通知[EB/OL]. http://www.moe.gov.cn/jyb_xxgk/moe_1777/moe_1778/201701/t20170119_295319.html. 2020-9-29.

② 中共中央 国务院关于学前教育深化改革规范发展的若干意见[EB/OL]. http://www.gov.cn/zhengce/2018-11/15/content_5340776.htm. 2020-9-29.

我们的世界,全世界三分之一的互联网用户是儿童,很多儿童在学会走路和说话之前就留下了数字足迹。① 兰德公司(RAND Corporation)在报告 T is for technology 中提出,幼儿阶段是培养掌握"K-12教育"所需基本技能的关键时候,而幼儿园中传统的"黑板式"教学已经无法满足孩子获取更多知识的需要,也无法帮助孩子更好地在数字时代生存和发展。② 美国全美幼教协会在《技术与3—8岁儿童》中指出:在早期教育中适宜地利用计算机技术,能够促进儿童的认知和社会性发展,并且提倡将适宜的计算机技术整合到常规的学习环境中,使之成为众多支持儿童学习的方式之一。③ 虽然在幼儿园教育教学活动中应用信息技术能够刺激幼儿的感官,引起幼儿的注意,激发幼儿的学习兴趣,但笔者认为,信息技术的发展提升了幼儿的认知能力、艺术想象能力,但缺乏对幼儿情感需求的关注和回应。故此,在幼儿园中运用信息技术进行教学已成为不可阻挡潮流的背景下,对智慧幼儿园建设进行对策研究就显得十分必要了。

---

① 2017年世界儿童状况:数字时代的儿童[EB/OL].https://www.baidu.com/link.2020-9-29.

② 颜铂为,李敏.焦点与趋势:我国学前教育信息化研究20年[J].陕西学前师范学院学报,2020,2,36(2):93-99.

③ 马小芳.信息技术在学前教育中应用的研究综述:热点、趋势及启示[J].中国教育信息化,2019,22:13-18.

1.4 现实的渴求

我国是一个幅员辽阔、民族众多的国家，民族地区经济发展速度较慢，教育资源相对匮乏、师资水平相对落后。发展民族地区教育，不仅可以提高民族地区人口素质，促进民族地区社会经济文化的全面发展，而且对增强民族团结、维护祖国统一具有重要作用和深远意义。

在教育改革和发展中，民族地区在推进幼儿园信息化发展时存在信息化发展水平不均衡、信息化设施设备缺乏、优质资源不足、信息化管理应用不到位、高信息素养师资缺乏等方面的问题。[①] 其中，信息化发展水平不均衡是制约民族地区幼儿园发展质量提升的瓶颈之一。各个地区信息化发展水平不均衡，导致幼儿园在信息化水平方面存在差异，主要表现在信息化区域发展差异大、城乡之间信息化发展水平不一致、同一个地区的信息化发展水平因幼儿园的办学条件不同而存在较大差异等。由于各种差异存在，使得信息化水平低的幼儿园发展滞后于信息化发展水平高的幼儿园。要保证民族地区幼儿园均衡和可持续发展，必须根据不同地区的情况，分析幼儿园信息化发展的影响因素，在不同

---

① 史大胜，曹鑫莉，董美娟."互联网+"背景下民族地区学前教育信息化建设的机遇、挑战及应对策略[J].中国电化教育，2018，5：136—142.

地区探索出适合本地区幼儿园信息化发展的途径和方式，实现多样化、多层次的发展，提升民族地区幼儿园信息化发展的整体水平。在"互联网+"背景下，全面推进学前教育信息化建设能够充分开发学前教育资源，有效弥补民族地区学前教育资源的不足，给民族地区幼儿提供很多适合他们的生活经验的教育资源，促进幼儿全面发展，提升民族地区学前教育质量。①

1.5 研究的方向

1.5.1 研究目的

智慧幼儿园建设是一项系统工程，影响和决定着幼儿园教育改革与发展的全局与走向，有利于民族地区学前教育区域性工作质量的整体提升。从教育装备的角度，从幼儿园管理和教育教学入手，研究建立科学、高效的智慧教育体系，实现信息化与教育教学的融合，寻求智慧幼儿园建设对策，是本项目研究的主要任务。

（1）促进安全工作智慧管理。本研究基于物联网的幼儿园设备及智能管理，充分运用互联网、物联网及信息技术手段，为幼儿园建立人防技防工作和智慧化安全管理体系，有利于落实园所

---

① 史大胜，曹鑫莉，董美娟."互联网+"背景下民族地区学前教育信息化建设的机遇、挑战及应对策略[J].中国电化教育，2018，5：136-142.

安全监控、防范等要求，为幼儿园提供安全保障，为幼儿的身心健康发展提供支持。

（2）建立优质数字化教育资源。本研究通过为幼儿教师提供优质丰富的数字化教育教学资源，使原本抽象、难以理解的内容变得形象生动，充分调动幼儿学习的积极性，使幼儿在情感、知识、技能等方面有更进一步的发展，从而提升学习效果，提高教学效率。同时，通过编辑平台和备课系统的应用，为教师课程制作与资源共享提供支持。

（3）提供幼儿成长观测工具。本研究通过建立幼儿成长记录监测系统，为观察幼儿发育状况及促进幼儿身心健康提供信息化工具，实现对幼儿基本健康数据、成长数据等指标的有效监测和记录，为幼儿身心健康提供保障。同时，通过提供数据信息，使幼儿园教育活动的开展更具有针对性和时效性。

（4）提高幼儿园综合管理效率。通过幼儿园内部信息的共享和交流以及园所与教师之间信息的有效传达、实时互动和沟通畅享，使相关各方协同完成各项工作任务，及时、有效地获取各种信息和资源。同时，通过建设科学高效的幼儿园管理及后勤体系，进一步提升幼儿园后勤管理及各项业务管理、决策支持、监测评价和公共服务水平。

（5）推动家园共育，完善家园网络。通过家园网络的构建和提供便捷适时的家园服务，借助智能化手持终端及应用程序，为家园互动提供智能、开放、共享的交流平台，有利于家长实时了解、获得园所信息，轻松、便捷地与教师、园长进行沟通，为教师、家长以及幼儿提供丰富的信息资源，提高家园互动的实时性和紧密性水平。

（6）提升幼师、家长的信息化素养。通过充分利用信息化教育手段，培养幼师的教育技术能力和信息技术素养，促进信息技术与教育教学核心业务的深度融合，实现教与学方法模式的变革与创新，通过搭建以园内教师自主学习、家长自我提升学习为主要特征的多终端平台，为幼师提升保育教育技能、家长学习科学育儿知识提供更多的学习机会。

1.5.2 研究内容

本研究坚持"政府主导、教育指导、专业引领、企业参与、园所应用、共同发展"的原则，运用互联网＋、人工智能、大数据、云计算等现代技术，以幼儿园智能化管理、信息技术与教育教学深度融合、优质资源共享与应用、保育教学模式创新等方面为切入点，探索民族地区信息化应用的规律性及适宜性，总结梳理推进民族地区智慧幼儿园建设的实施对策。主要包括智慧幼儿园建设内容与体系研究和推进智慧幼儿园建设问题与对策研究两个方面。

（1）智慧幼儿园建设内容与体系研究

本研究从民族地区幼儿园特点及需求出发，整合幼儿园信息化相关资源，强调智慧幼儿园信息化系统的应用研究，探索实现幼儿园信息化和智能化的基本要素，回答智慧幼儿园是什么样的问题，从而为智慧幼儿园建设提供"一站式"服务。本课题研究主要涉及以下几块内容：

①幼儿园安全智慧管理系统。

②幼儿成长智能监测记录系统。

③多媒体课程资源及编辑系统。

④教学及游戏智能学习互动系统。

⑤幼儿观察与五大领域在线测评系统。

⑥幼儿园家园共育服务系统。

（2）推进智慧幼儿园建设对策的研究

本研究紧密结合当前科技发展新动向，以互联网、人工智能、数据应用等最新科技手段为依托，拓展信息技术在学前教育领域应用的深度和广度，研究构建智慧幼儿园的基本途径。从推进智慧幼儿园建设的需求角度出发，同时对智慧幼儿园建设所面对的几个维度进行全方位的思考：例如，智慧幼儿园建设存在的问题是什么？如何整合资源实施智慧幼儿园建设？推进智慧幼儿园建设工作的瓶颈在哪里？如何寻找推进智慧幼儿园建设的切入点？如何进行智慧幼儿园建设版本的构架？智慧幼儿园建设中如何进行区域性推进？实施智慧幼儿园建设工作的方法途径有哪些？发达地区与民族地区信息化资源如何共享？在智慧幼儿园建设中如何发挥园长教师的主体作用？如何基于民族地区现状因地制宜实施智慧幼儿园建设工程？

本研究以如何利用信息化手段促进新时代基础教育公平为立足点，从实地调研与理论构建两个方面探索民族地区学校信息化建设的实践路径，推动智慧幼儿园的建设进程，实现"让每个幼儿都能享有公平而有质量的教育"的美好愿景。

1.6 研究的价值

本研究坚持探索民族地区信息化应用的规律性及适宜性，总结梳理推进民族地区智慧幼儿园建设的实施对策，从而加速民族地区学前教育信息化进程，促进教育改革，提升整体质量，进而提出幼儿园信息化是推动教育公平与提升教育质量的重要手段之一。

本研究积极响应国家信息化建设发展号召，紧密结合当前科技发展新动向，以互联网、人工智能、数据应用等最新科技手段为依托，探索信息技术在幼儿园领域应用的深度和广度，研究构建智慧幼儿园的基本途径。基于智慧幼儿园现状、资源整合、建设瓶颈、建设切入点、建设框架、区域性推进方式、建设方法、实施路径以及发达地区与民族地区信息化资源共享、发挥园长幼师主体作用等维度，提供民族地区智慧幼儿园信息化建设的整体方案。

第 2 章

概念界定

2.1 概念的界定

2.1.1 幼儿园

幼儿园也曾被称为幼稚园，或学前教育机构。其实质是人类社会中人际互动行为的产物，是人类为了自身的延续发展而建立的机构，[①] 其宗旨是为了使幼儿日臻完善，使他的人格丰富多彩，表达方式复杂多样，使他作为一个人，作为一个家庭和社会成员，作为一个公民和生产者、技术发明者和有创造性的理想家，来承担各种不同的责任。[②] 幼儿园中大多数孩子年龄段是在3—6岁。他们被集中地保育、照顾和陪伴，这是培养他们的基本生活、社会技能和知识的地方。幼儿园对儿童良好性格的形成、良

[①] 刘晶波.师幼互动行为研究——我在幼儿园看到了什么[M].南京：南京师范大学出版社，2006：15.

[②] 联合国教科文组织国际教育发展委员会.学会生存：教育世界的今天和明天[M].北京：教育科学出版社，1991：6.

好行为习惯的培养、基本技能的掌握以及社会知识的学习都有着重要的影响。按举办者的性质，幼儿园可分为：政府办园、各单位办园（包括高等院校、企事业单位、部队等）、农村办园（包括县、乡、镇）、社会办园（包括社会、个人）；按入托方式分可分为：全日制、寄宿制、混合制三种。根据《成都市幼儿园等级评定办法》的规定，幼儿园等级分为四级，由高到低分别为一级园、二级园、三级园和无等级园。[1]

2.1.2 民族地区幼儿园

根据国家民族事务委员会《2013年民族地区农村贫困情况》中的界定，民族地区是指少数民族主要聚集生活的地区，一般采用"民族八省区"（包括内蒙古、新疆、西藏、广西、宁夏五个少数民族自治区和云南、贵州、青海三省）作为民族地区代表。[2] 除此之外，有研究还指出，民族地区除了包括现行行政区划上的民族自治地区（如自治区、自治州、自治县），也包括不是自治地区但少数民族人口较多的县区和民族乡镇。[3] 本研究中

---

[1] 成都市教育局关于印发《成都市幼儿园等级评定办法》的通知[EB/OL]. http://www.cdwh.gov.cn/wuhou/c133604/2019-12/11/content_265cb1b2b77a4bf39e107008eb52159b.shtml.2020-9-30.

[2] 赵希,张学敏.我国民族八省区教育经费投入回顾与前瞻——基于2005—2014年的数据分析[J].教育发展研究,2016,17:1-9.

[3] 付荣文.公众参与视角下的外语教育政策规划研究——以贵州民族地区基础教育为例[D].上海：上海师范大学,博士学位论文：53.

的民族地区幼儿园参考上述定义，特指在少数民族聚集地区举办的幼儿园或学前教育机构。

2.1.3 智慧校园

"智慧"一词是指灵活、迅速、正确理解和解决问题的能力。智慧系统具有全面的互通性、深入的智能化和清晰的感知度三个基本特征。[①] 2008年，美国IBM总裁兼首席执行官彭明盛在题为"智慧地球：下一代领导议程"的演讲中首次提出了"智慧地球"的理念。在"智慧地球"概念提出后，国内不少学者提出了"智慧校园"的概念和建设思路。[②] 我国最早提出智慧校园建设的是南京邮电大学宗平教授，2010年，他在一篇论文中提出智慧校园的概念。[③] 最早将智慧校园纳入学校建设整体规划的是浙江大学，2010年，该校就计划五年中建成一个智慧校园。[④] 其后，关于智慧校园的探讨便如雨后春笋般开展起来。

[①] 耿珍.教育信息化的新阶段："从数字校园"到"智慧校园"[J].计算机时代，2019，2：76-83.

[②] 黄荣怀，张进宝，胡永斌，杨俊锋.智慧校园：数字校园发展的必然趋势[J].开放教育研究，2012，8，18（4）：12-17.

[③] 宗平，朱洪波，黄刚等.智慧校园设计方法的研究[J].南京邮电大学学报（自然科学版），2010，4：15-19.

[④] 吴颖骏.浙江大学：基于"云"的智慧校园[J].中国教育网络：2010，11：25-26.

表 2-1 "智慧校园"概念界定

学者/机构	概念界定
沈洁，黄宇星[1]	智慧校园是一种将人的因素、设备的因素、环境及资源的因素以及社会性因素，在信息化背景下有机整合的一种独特的校园系统。它以物联网技术为基础，以信息的相关性为核心，通过多平台的信息传递手段提供及时的双向交流平台，提供结合网络、技术、服务的智能的综合信息服务，全方位地实施教育信息化。从技术层面上看，智慧校园就是以各种信息化技术，包括感知、智能、挖掘、控制等技术为手段，在安全监控、平安校园网络管理系统建设、智能化学习系统、自助图书网络管理系统等方面，构建具有感知全面、相应及时、智能综合、随需应变、高效运行等特质的学校。具有智能化、感知化、互动性、灵活性等方面的特点。
胡钦太，郑凯，林南晖[2]	智慧校园首先是学校信息化回归"以人为本"的一个新的发展阶段。智慧校园强调"以服务为核心，以管理为支撑"的理念，智能感知、资源组织、信息交换、管理逻辑与科学决策等。智慧校园各环节最终目的都是向用户提供更好的服务。其次，智慧校园需要体现校园活动的"深度融合"。"深度融合"包括学校信息化工作与学校各项常规工作在机制与机构等层面的融合、信息化平台资源的融合与集约化利用、信息化业务流程与消息数据的融合、信息化基于所有校园活动以及与外部环境（如智慧城市）的融合等四个层面。简言之，智慧校园地内涵可以用"以人为本、深度融合"进行表述。

---

[1] 沈洁，黄宇星.智慧校园及其构建初探[J].福建教育学院学报，2011，12，6：122–125.

[2] 胡钦太，郑凯，林南晖.教育信息化的发展转型：从"数字校园"到"智慧校园"[J].中国电化教育，2014，1：35–39.

续表

学者/机构	概念界定
陈琳，王蔚，李佩佩，李冰冰	智慧校园的智慧本质在于为造就创新创造之人提供支持、支撑、服务，进而提出智慧校园的设计建设要以现代化、智能化、创新化、引领化、社会化的"五化"为准绳，实施机制创新、队伍提升、标准规范、以评促建等策略，以及通过智慧校园达标、智慧校园先进校、智慧校园示范校等评估综合施策来推进真正意义上的智慧校园建设与实践。
黄荣怀，张进宝，胡永斌，杨俊锋	智慧校园是指一种以面向师生个性化服务为理念，能全面感知物理环境，识别学习者个体特征和学习情景，提供无缝互通的网络通信，有效支持教学过程分析、评价和智能决策的开放教育教学环境和便利舒适的生活环境。
……	……
全国信息技术标准化技术委员会	物理空间和信息空间有机衔接，使任何人、任何时间、任何地点都能便捷地获取资源和服务，包括智慧教学环境、智慧教学资源、智慧校园管理、智慧校园服务、信息安全体系等。

由上表可知，对于智慧校园国内尚没有形成统一的定论，不同领域的专家学者和机构从多个角度给出了见解。但分析上述观点，可以看到：智慧校园是教育信息化发展到一定阶段的产物。

2.1.4 智慧幼儿园

学界目前关于智慧幼儿园并无统一的概念界定，从已有的研究可以发现，对智慧幼儿园的界定多是依据智慧校园的概念而来，如马振中认为，"智慧幼儿园是依托移动互联网、物联网、人工智能等新兴技术构建的现代化幼儿园信息管理系统，是对幼儿园进行现代化管理与运营的幼儿园教学与管理模型。幼儿园可以依托智慧幼儿园的各个系统对幼儿园进行智慧管理和实施智慧教学"①。刘景容等认为："智慧幼儿园在建设思路和建设内容上有别于大中小学的智慧校园。智慧幼儿园要把幼儿园各个方面的工作与各种现代信息技术进行融合，融合的广度和深度决定了智慧幼儿园的智慧程度。智慧幼儿园的核心特征主要反映在四个方面：一是各种应用融合，管理高效率；二是打通在园教育和家庭教育，家园联系深度化；三是幼儿园物理环境智能感知可调，使幼儿倍感舒适；四是技术融合创新，能识别幼儿个体特征和学习情境、提供优质学习资源、记录和评价学习效果，使幼儿身心愉悦。"②

因此，本研究中的智慧幼儿园参考智慧校园的概念框架，指"依托移动互联网、物联网、人工智能等新兴技术构建的现代化幼儿园信息管理系统，是对幼儿园进行现代化管理与运营的幼儿

---

① 马振中.智慧幼儿园背景下的家园共育研究[J].教育现代化，2019，6（77）：252-254，294.

② 刘景容，刘淼."互联网+"时代的智慧幼儿园建设探索[J].中国教育信息化，2020，03：64-67.

园教学与管理模型"①,包括幼儿园安全智慧管理系统、幼儿成长智能监测记录系统、多媒体课程资源及编辑系统、教学及游戏智能学习互动系统、幼儿观察与五大领域在线测评系统、幼儿园家园共育服务系统六大板块。

2.1.5 民族地区智慧幼儿园

基于以上研究,本研究中的民族地区智慧幼儿园指在少数民族聚居地区举办的幼儿园或学前教育机构,是"依托移动互联网、物联网、人工智能等新兴技术构建的现代化幼儿园信息管理系统,是对幼儿园进行现代化管理与运营的幼儿园教学与管理模型",包括幼儿园安全智慧管理系统、幼儿成长智能监测记录系统、多媒体课程资源及编辑系统、教学及游戏智能学习互动系统、幼儿观察与五大领域在线测评系统、幼儿园家园共育服务系统六大板块。

2.2 核心的技术

2.2.1 互联网

互联网作为幼儿园与外界连接的纽带之一,是环境建设的基础。网络的便捷与快速发展冲击着幼儿园的学习方式与教育理

---

① 马振中.智慧幼儿园背景下的家园共育研究[J].教育现代化,2019,6(77):252-254,294.

念。随着国家"三通二平台"政策在中小学的普及，网络成为教育不可或缺的工具。基于大数据的学生网络行为偏好分析、基于网络的学习资源共建共享、基于云计算的校园网网络直播平台搭建等，都离不开网络作为信息传输的介质。

2.2.2 人工智能

在互联网的支持下，人工智能技术在教育领域得到了广泛的应用。人工智能在促进智慧教育的发展中发挥了不可替代的作用。构建智能学习环境是为学习者提供最有效的智能学习支持和服务。例如，在智能答疑系统、智能学习系统和自适应学习系统的开发中，需要将人工智能技术与互联网技术、多媒体技术和大数据技术相结合、相互促进完善，通过整合拓展彼此的功能和应用能力，从而提高和促进教育智慧生态。

2.2.3 物联网

物联网，简单地说就是通过信息通信技术将各种物体连接起来，形成有关联、可操控的整体。物联网具有连通性、人与物和物与物相联合的智慧化特征，在智慧校园建设中发挥着非常重要的作用。物联网在智慧学习环境中的应用目的是：感知人与物，提供智慧化的服务。物联网包含四层结构：智能感知层、信息传递层、智慧应用支持平台层、应用层，物联网是打造智慧幼儿园必要的载体和依托。

2.2.4 云计算

云计算的核心思想是管理和控制大量网络连接的计算资源，形成满足用户需求的计算池资源。云计算平台是支持智能学习环境的关键要素，基于云计算的智能学习环境具有三个基础。第一，支持智能学习环境的网络基础设施；第二，云计算平台是支持智能学习环境的关键要素，云计算平台是支持智能学习环境运行、提供巨大服务和资源管理的基础；第三，智能学习环境的对象链接感知系统是整个智能学习环境运行中最常见的部分，同时也是现代化教育进程中最基本的服务。

2.2.5 增强现实

增强现实（Augmented Reality，AR）是在虚拟现实技术基础上发展起来的一种计算机应用和人机交互技术，通过将虚拟信息融合到真实环境中，呈现给使用者一个虚实结合的新环境。增强现实在学习中的应用是指将计算机构建的真实或近真实三维虚拟情境融合到真实情境中，幼师可以通过某种手段进入情境并与之交互，从而构建对虚拟情境的合理认识。在幼儿学习过程中，可运用增强现实技术提升学习情境的真实性和现场感。生动的学习场景，有助于幼儿更加准确、快速地理解学习内容，提高认知兴趣，保持一个稳定并且积极向上的求知心态。

第 3 章

现状分析

3.1 美国幼儿园信息化建设现状

中美之间的关系一直是世界所关注的热点，本研究主要以美国为例，进行国际之比较。1992年年底，美国便提出建设信息高速公路（Information Super Highway），截至2000年，美国公立学校的入网率已经达到98%。由此，美国全面揭开了ICT（Information and Communication Technology，下文均简称为"ICT"）辅助教学的序幕。美国最早的信息技术辅助教学是以提高远程高等教育水平开始的。但是，随着基础教育领域越来越受到国家的重视，政府便推出了一系列的行动计划，将基础教育纳入国家信息化战略体系。1996年克林顿提出"教育技术行动"（Educational Technology Initiative），同年，美国联邦教育部发表了美国历史上第一份信息技术教育报告《让美国学生为21世纪做好准备：面向技术素养的挑战》。美国教育部召集各类专家对其进行修订，在2000年颁布了《数字化学习：让所有孩子触手可及世界一流教育》。其主要的关注点为数字化学习和虚拟学习的新模式和新形态。2004年，美国教育部推出了第三个国家教育技术规划《迈向美国教育的黄金时代：互联网是如何变革法规以及当今的学生的期望的》，侧重于数字化学习内容的设计开发和外部完整保障体系的建立。随着研究的进展，教育部关于国家教育技术规划研究也持续深入，2010年11月，美国教育部教育技术办公室（OET）发布了《美国教育技术规划》（NETP）草案，《NETP2010》指出，"技术应成为学习活动的组成部分，应以整合的模式进行使用，而不应成为学习中孤立的存在"。伴随着ICT辅助基础教育教学的广泛有效应用，从20世纪90年代末开始，美国一些科研机构和大学等纷纷组织开展ICT辅助早期教育的调查研究以及项目推广，并将大量的研究结果公布出来，这些研究为推广ICT在早期教育中的应用做了很好的铺垫工作。越来越多的证据表明，适当使用ICT是可以促进儿童的学习和发展的，ICT开始引入早期教育领域，有关教育信息化发展政策的内容也从基础教育延伸到了早期教育。2001年，美国针对儿童阅读、数学、科学水平持续下降、教育质量参差不齐、教师素质有待提高的状况，再次进行全国范围内的教育改革，颁布了《不让一个儿童落后法》(NCLB)。该法案的宗旨是确保所有儿童都拥有公正、平等的获得高质量教育的机会。该法案提到,应提高应用ICT辅助教学的资金投入。2009年2月,奥巴马政府通过了《美国复苏与再投资法案》,该法案提出用50亿美元支持早期教育的发展,而通过技术提升教育效果(EETT)项目就得到了1亿美元的投资,这对ICT辅助早期教育发展的促进作用是巨大的。在美国,不仅政府不断出台政策加大投入支持早期教育中ICT的应用,其他科研机构、民间组织也不断地进行研究,提出了一些相当有见地的报告。早在1996年,美国早期教育领域规模最大的权威民间教育组织——全美幼教协会(NAEYC)就提出了一份立场性报告:《技术与3—8岁儿童》,阐述了全美幼教协会有关信息技术应用于早期教育的基本立场。该报告提出了"发展适宜性"的指导思想,即计算机只能辅助而不能替代已有的颇具价值的早期教育活动和材料。计算机的使用应有效地推动传统早期教育活动的开展,使传统教育活动的功能得以淋漓尽致地发挥。通过十几年的研究,在2011年,全美幼教协会和圣文森特大学的Fred Rogers儿童媒体研究中心共同提出了《早期教育技术方案:支持0—8岁的儿童(草案)》,该方案从技术的选择、使用、整合、评价四个维度具体介绍了在早期教育中应如何使用ICT来提高教育效果(见表

3-1），并且在文件的后面附上了对不同阶段的儿童使用ICT的具体指导措施（见表3-2），为在实践中应用ICT指明了方向。

美国信息技术辅助早期教育的理念是：（1）以发展适宜性理念为指导，选择具有年龄、个体和文化适宜性的ICT教具；（2）将信息技术整合到课程中，用来作为支持儿童学习的一种方式；（3）为全体儿童及其家庭提供平等地使用计算机的机会；（4）注意减少对任何群体的刻板印象和对暴力的接触；（5）家园合作，为儿童提供丰富的适宜其发展的资源等。

表3-1 《早期教育技术方案：支持0—8岁的儿童（草案）》

项目	内容
技术的选择	首要目标是所有儿童的健康和幸福。 教师须使用发展适宜性实践标准去决定是否、何时以及如何在活动中整合技术。 教师需要以专业的评价去决定使用具体的技术是否具有年龄适宜性、个体适宜性以及文化和语言的适宜性。

续表

项目	内容
技术的使用	以每个儿童的年龄、发展水平、需求、兴趣、能力为基础，适当地使用技术和屏幕媒体。 技术和媒体的有效使用需是动态的、动手操作的、参与式的、给儿童权利的；须让儿童去控制学习进程；教师须提供有效的支撑来减轻成就任务；并且要选择不同的方式来支持儿童的学习。 适宜地使用技术可以提高儿童的认知和社会性。 与技术的交互应该是游戏式的。 支持性的技术为有不同需求的儿童提供了公平的使用机会。
技术的整合	ICT应该与现有材料一起作为儿童学习的资源来支持儿童学习，而不是取代他们。 技术工具可以提高我们记录发展、成长档案袋、计划活动以及与父母和社区分享信息的效率。 技术工具可以帮助教育者加深家园合作。
技术的评价	技术的和媒体的文化是指导早期教育者和家长选择、使用以及评价技术工具和屏幕媒体所必需的。 数字化的公民是21世纪所必需的。 早期教育有义务使用技术减少"数字分化"。

表 3-2　各阶段儿童使用 ICT 的建议

年龄阶段	发展特点	使用建议
婴儿及学步儿	在生命的早期，婴儿和学步儿需要与成人进行初步的交流。他们需要自由地探索、操作以及检验环境里的所有东西。在当今世界，这种探索也包括对数字化技术和互动媒体的探索。0—3 岁的儿童喜欢有按钮的且具有因果关系的玩具。婴儿和学步儿使用的玩具必须是安全的、不容易损坏的。就像 2 岁的儿童喜欢咬他们的书一样，他们也喜欢咬他们的电子玩具。	1.允许儿童在与成人交互的过程中去探索环境中的电子产品，把成人当作一个中介或者一个合作者。就像分享阅读一样，成人也可以把分享新技术的时间当作一个可以与儿童进行交流的机会。 2.避免被动看电视。尽管很多家长认为婴儿动画可以让一个易烦恼的儿童安静下来，但是很少有研究表明婴儿或学步儿通过电子玩具来获得安全感，他们更多的是选择成人的安慰。被动地处在电视的环境中，对儿童的语言和社会性等的发展都没有好处。 3.给儿童提供代表电子物体的模型玩具，来鼓励儿童玩，并假装他们正在使用这些技术，比如一些电话、照相机、电脑、CD 播放器等。

续表

年龄阶段	发展特点	使用建议
3~8岁儿童	在幼儿园的这几年，儿童最重要的发展就是主动性和创造性的发展。他们对于周围世界的一切都非常好奇，而且对学习也非常好奇。他们在探索中逐渐去使用各种媒体并且通过创造性的运动、歌唱、舞蹈以及使用他们的身体来表达某些意思来进行学习，而ICT提供了一个表现方法来证明他们的创造性和学习能力。	1.让儿童自由地探索装载了许多发展适宜性互动媒体软件的电子白板，该可触屏幕应是具有良好设计的、能发展儿童成就感的玩具。 2.让儿童尝试着并且自在地使用"传统"的鼠标和电脑去浏览网站或者用搜索引擎寻找一些答案。 3.尝试着为自己的积木或艺术作品拍照，把戏剧表演的过程录下来，以供日后观看。 4.把儿童讲的关于他们的图画或者游戏的故事录下来制作电子音频文件保存下来。 5.使用ICT同孩子讲故事。教师与孩子们共同合作用儿童游戏或学习的照片来创编故事，并让儿童作为诉说者把其声音录下来。 6.教师与小组儿童共同分享阅读电子书。 7.使用电子显微镜以及其他电子科学材料来记录瞬间，并保存在电脑上。 8.上网寻找不同地方、人、动物或物体的照片，并且同儿童讨论他们都找到了些什么。 9.用视频会议软件同家长和在其他地方的儿童联系。 10.设计好游戏，让儿童建构和探索他们关于技术是如何工作的想法。

全美幼教协会的建议是，早期教育者应为儿童提供一种平衡的活动，能够扩大和支持儿童主动的、动手操作的、创造性的、真实参与的活动。在这种活动中，技术和电子媒体被看作是主动使用的有价值的工具。

可见，美国 ICT 辅助早期教育得到了全方位的支持。美国政府通过立法或各种预算的方式保证对这些项目的经费投入；美国教育技术 CEO 论坛和全美幼教协会（NAEYC）等教育组织机构也对 ICT 走进早期教育提出了许多宝贵的指导意见；美国许多学科专业组织，如全美英语教师协会（NCTE）、全美数学教师协会（NCTM）也对该学科整合 ICT 提出了相关标准；社会上许多软件公司如 IBM、AT&T 等都在一定程度上以优惠的方式向幼儿园提供技术支持。国家的高度重视、政府的直接推动、企业的积极参与、民间组织机构的大力推行等因素综合作用，大大加速了美国早期教育的信息化进程。

3.2 中国幼儿园信息化建设现状

3.2.1 基础教育信息化建设现状

中国的教育信息化发展历程可分为教育信息化建设萌芽期（1978 — 2009 年），教育信息化应用快速发展期/教育信息化1.0时期（2010 — 2016 年）以及教育信息化2.0 新时期（2017年至今），教育信息化各发展阶段存在不同的特点。①

教育信息化建设萌芽阶段：1978年中央电化教育馆成立，标志着中国教育信息化由此开始，随后一批高校如华南师范大学、华东师范大学获批开设电化教育4年制本科专业。与此同时，教育部下发了一系列教育信息化相关文件，推动教育信息化的建设发展，如1998年教育部制定《面向21世纪教育振兴行动计划》，提出实施"现代远程教育工程"，形成开放教育网络，构建终身学习体系，为中国的教育信息化发展奠定了良好的基础；1999年国务院发布《关于深化教育改革全面推进素质教育的决定》，提出大力提高教育技术手段的现代化水平和教育信息化程度，明确了教育信息化的重要性。

教育信息化应用快速发展阶段（教育信息化1.0时代）：2012年3月，教育部印发《教育信息化十年发展规划（2011—2020年）》，明确坚定应用驱动的工作方针，坚持以教育信息化推动教育现代化。同年9月全国教育信息化工作电视电话会议上，刘延东副总理首次提出"三通两平台"概念，强调要以建设"三通两平台"为抓手，以应用为导向，加快推进教育信息化体系建设，逐步完善教育信息化基础设施。在政策推动下，中国

---

① 卢佩珊.2019年中国教育信息化行业研究报告[R].头豹研究院，2020，8：7-8.

开始进入教育信息化应用快速发展阶段。此阶段实现了宽带互联网和信息化终端设备在各类学校的基本普及，教师、学校和教育主管部门均开始注重采用信息技术来提升教学质量和教育管理效率。但此阶段，各类教育信息化的应用发展程度不高，与教育各环节的融合程度不够，信息化技术的引入并没有带来教与学的结构重组和模式重构。

教育信息化2.0发展新阶段：2018年4月，教育部印发了《教育信息化2.0行动计划》，提出到2022年基本实现"三全两高一大"，即教学应用覆盖全体教师、学习应用覆盖全体适龄学生、数字校园建设覆盖全体学校、信息化应用水平和师生信息化素养普遍提高、"互联网+教育"大平台建成的发展目标。此阶段，信息技术与教育教学紧密融合，信息技术开始改变教学模式，学校和教育机构开始以信息化技术为支撑重构组织的管理架构。

3.2.2 幼儿园信息化建设现状

学前教育与其他阶段的教育相比发展比较缓慢，所以学前教育信息化研究的文献比较少。20世纪80年代初期是我国基础教育信息化发展的萌芽时期。发展至今，我国的基础教育信息化经历了三个发展阶段：信息技术课程、课程整合、网络教育。1981年，中国有了自己的运用计算机辅助进行教学的系统和教学管理系统。1983年，邓小平同志在北京景山学校题词中指出，"教育要面向现代化"；1984年，邓小平在上海一家福利院提出"计算机要从娃娃抓起"。1986年，我国研制出中国自己的教育微机。20世纪90年代以后，个人计算机逐渐进入到学校和家庭，教学过程中开始应用多媒体个人计算机。为了赶上世界发达国家信息技术教育水平，1999年末，教育部开始关注小学信息技术课程的教育，2000年9月开始，一些小学开始开设《信息技术课程》。2000年10月23日，教育部组织召开了全国性的中小学信息技术教育工作会议，并颁发了三个关于实施信息教育的通知和课程指导纲要，我国基础教育信息化拉开了帷幕，信息教育开始展现在中国教育的舞台上。

信息化在教育中作为技术因素影响着教育教学的发展。在教育教学中，各国把教育信息化看成辅助教育教学的重要工具，党的十九大的胜利召开，将"幼有所育"写入了报告中，国家对学前教育体系的建设指导也越来越细化，对学前教育的发展制定了各种政策，使学前教育逐渐变为教育领域关注的焦点，对发展学前教育也格外强调和重视，让人们认识到学前教育在教育中的重要地位，给学前教育信息化的发展提供了一定的环境支持。在学前教育信息化理论方面，我国学者不再仅仅借鉴国外理论进行研究了，他们根据本国、本地区的学前教育信息化实况，研究出适合于本地区学前教育信息化发展的相关理论和实践对策，为我国的学前教育信息化实践提升了一定的发展空间。社会其他领域的介入使学前教育得到了迅速发展的机会，例如2001年起，IBM和我国教育部合作开展的"小小探索者"项目，我国600多所幼儿园在这个项目的支持下在信息化方面有了进一步的发展。

3.2.3 民族地区幼儿园信息化建设现状

幼儿园信息化建设覆盖了幼儿园日常所涉及的各个方面，比如幼儿园的基础设施建设、课程教学资源、教师信息素养、政策支持等等。只有各个方面都协调发展，教育信息化才可能顺利地开展。但由于经济和地域的影响，民族地区幼儿园信息化建设在快速发展的同时，也伴随着很多问题的出现。

首先，幼儿园信息化建设在各个地区存在着比较大的差异性，出现了"数字鸿沟"，与一些经济发达的大城市相比，民族地区幼儿园对开展信息化建设的重视程度不高，信息化智能化教学设备设施普及率较低，信息化建设总体水平较低，具有一定的滞后性。

其次，民族地区幼儿园的教学方式仍以讲授为主，数字化课程资源与配套资料不足且类型单一。例如，一些由学前教育管理部门和协会建立的学前教育网站，从表面上看功能齐全，结构完整，但是仔细看其运作和发布原理可见，更新最多的是政策与新闻，而真正能够使用的教学资源则更新较少。总体看来，民族地区幼儿园缺乏丰富实用的数字化教学资源，这大大制约了幼儿园信息化教学的发展。

此外，民族地区幼儿园教师队伍的信息素养较低，且缺乏系统的信息化培训与指导。一所幼儿园信息化教学水平很大程度上取决于教师队伍信息化素养。目前，民族地区幼儿园的大部分教师难以运用信息化手段开展教研工作，这导致信息化应用过程中出现了很多问题，有些地区信息化设备成了摆设，造成信息化内部应用的不协调。同时，受地域与经济等因素的限制，民族地区幼儿园教师的信息化能力培训活动较少，缺乏相关的职业培训与指导。

最后，民族地区幼儿园的信息化管理水平较低，应当充分利用信息化手段优化幼儿园的日常管理工作。例如，幼儿园的安全管理、课堂互动、教师管理、儿童成长记录与评价等多种工作均可通过信息化手段完成，但这些管理工作在民族地区的幼儿园中大多采用线下手工方式开展，信息化手段应用不足，信息化管理水平尚待提高。

3.3 中美两国之间信息化比较分析

通过中美之间的信息化国际比较来分析，中国信息化的起步晚于美国信息化的发展。自改革开放以来，中国在自力更生的基础上，逐步在建设中国信息化的基础。[1] 改革开放40年来，我国教育信息化取得了巨大成就，从教育信息化萌芽期到教育信息化建设驱动期，再到教育信息化应用驱动期，最后走向"融合创新、智能引领"的教育信息化2.0新时期，走出了一条具有中国特色的教育信息化发展道路。当前，教育信息化已经迈入新时期，教育信息化将全面推动教育现代化，从服务教育自身发展向服务国家现代化转变，进而为我国全面建成社会主义现代化强国作出自己的贡献，建设一个"人人皆学、处处能学、时时可学"的学习型社会。习近平总书记提出"努力构建德智体美劳全面培养的教育体系，形成更高水平的人才培养体系"，应该成为教育信息化新发展的指南。中国在信息化的道路上在寻求自我发展的道路，由于中国地域发展不平衡的现状，尤其对偏远的少数民族地区，教育仍是阻断代际贫穷的有效手段。同时，集中力量办大事的中国制度优势，在此次突发的新冠疫情公共卫生事件中，优势表现十分明显。[2] 2020年初以来，新型冠状病毒性肺炎在中国及世界多个国家陆续爆发，且其高传染性、高隐蔽性、长潜伏期导致全球累计确诊感染者已经超过数亿人，全球人民的日常生活

---

[1] 任友群.40年教育信息化发展"变与势"[N].中国教师报，2018，12，26.
[2] 德勤.5G赋能中国智慧教育[R].Deloitte China，2020，11：11.

受到了较大的影响。在教育领域，疫情的大面积蔓延及持续导致很多国家陆续从"停课"到"网课"，"停课不停学"成为学校、家长以及学生的共同期望，这对全球教育发展创新和信息化建设提出了新的挑战。从全球来看，当前新一轮科技革命和产业革命正在孕育兴起，重大科技创新正在引领社会生产新业态，互联网、人工智能等新技术的发展正在不断重塑教育形态，知识获取方式和传授方式、教和学关系正在发生深刻变革。

2019年初，国务院印发《中国教育现代化2035》（下简称《规划》），系我国第一个以"教育现代化"为主题的中长期战略规划。《规划》提出2035年总体实现教育现代化、迈入教育强国行列的总体目标，强调要重视重大科技创新对社会变革的影响，重视互联网、人工智能等新技术的发展对教学、教务、师训、教管等教育形态的重塑，重视人民群众对更高质量、更加公平、更具个性教育的迫切需求，对于我国发展以科技为支撑的公平、高质量的教育提出了指引。2020年3月22日，教育部发布《关于加强"三个课堂"应用的指导意见》，提出促进信息技术与教育教学实践深度融合，推动课堂革命，创新教育教学模式，促进育人方式转变，支撑构建"互联网+教育"新生态，发展更加公平更有质量的教育，加快推进教育现代化。经过近十年的教育信息化建设，我国的教育信息化建设在教育专网的铺设以及用户终端发展（例如智慧教室）等方面已经有了长足的进步，同时也暴露了三个方面的问题：首先，智慧教育的主导方以单校或者区/县教育局为主，缺乏整体规划和部署，导致资源缺乏统筹及重复性建设较多。其次，学校仍旧以标准化的知识授课为主要课堂模式，在因材施教、泛在学习等"以学生为中心"的体验上仍有巨大的发展空间。再次，中国地大物博，各地的教育水平差异较大，不同学校及区域教学资源缺乏流通和共享。随着5G等新一代通信技术的发展，通过远程学习和沉浸式学习突破地域的限制、让名师和名校的课程普及化和立体化也是智慧教育的一大挑战。本研究针对欠发达地区少数民族地区幼儿园进行调研，旨在为推动民族地区智慧幼儿园建设贡献力量。

第 4 章

调研结果

4.1 研究设计的思路

4.1.1 研究问题

基于文献现状及政策需求,本研究试图回答以下几个方面的问题:

(1)民族地区与非民族地区幼儿园教师对幼儿园信息化建设的满意度如何?(包括幼儿园教师对教育信息化建设必要性的认识、对教育信息化的满意度)民族地区与非民族地区之间数据是否有差别?

(2)民族地区与非民族地区幼儿园信息化建设的现状如何?两者之间是否有差别?

(3)民族地区与非民族地区幼儿园教师信息化应用现状如何?两者之间是否有差别?

4.1.2 研究方法

本研究采取调研访谈、园所试点、行动研究等方法手段进行分析与研究。

4.1.2.1 调研访谈

在确定研究目标、内容的基础上,设计调研提纲,下发调查问卷;深入到民族地区以及非少数民族地区实验区试点单位及其他部分省市幼儿园进行实地考察与调研,了解基本概况、存在问题并进行分析。与专家、教师、管理人员、学生及家长等有关人员进行座谈和访谈,了解不同人员对智慧幼儿园建设工作的需求及认可度。

4.1.2.2 园所试点

在了解幼儿园状况的基础上,选取发达地区和民族地区有代表性的典型幼儿园,建立实验区,开展幼儿园试点研究,获取研究数据。在先期实验区试点的基础上,进一步推进项目的有效实施和成果推广。

4.1.2.3 行动研究

从幼儿园智能管理与信息化教育实际需要出发,做到理论与实践相结合,通过资料收集、合作探讨、自我反省、多方总结、解决问题等方法,总结经验,提炼应用与对策成果。

本次调研深入到民族地区以及非少数民族地区拟实验区试点

单位——幼儿园进行实地调研，共收集问卷1216份，其中，在民族地区共发放问卷561份，在非少数民族地区共发放问卷655份，有效问卷618份。

此次问卷调查主要了解民族地区以及非少数民族地区幼儿园教师对目前所在学校信息化建设的认识和满意度、幼儿园信息化建设、幼儿园教师信息化素养以及在日常教学工作中信息化应用程度等。

4.2 调研结果

4.2.1 幼儿园教师对教育信息化的认识度

在民族地区的调研中，认为在幼儿园进行教育信息化建设"非常有必要"+"有必要"的教师占比为82%，持"不确定"观点的教师占比为11.05%，认为"完全没必要"+"没有必要"的教师占比为6.95%。（见图4-1）

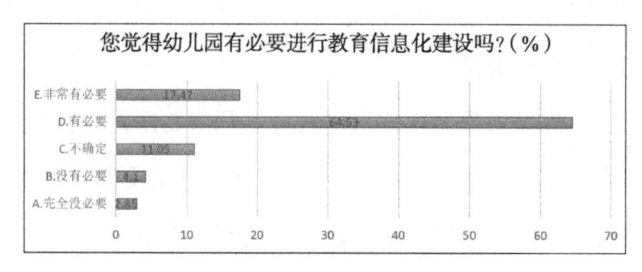

图4-1 民族地区幼儿园教师对教育信息化建设必要性的认识

而在非少数民族地区的调研中，认为在幼儿园进行教育信息化建设"非常有必要"+"有必要"的教师占比为89.97%，持"不确定"观点的教师占比为7.28%，认为"完全没必要"+"没有必要"的教师占比仅为2.75%。大多数的幼儿园教师对幼儿园信息化建设持肯定意见。（见图4-2）

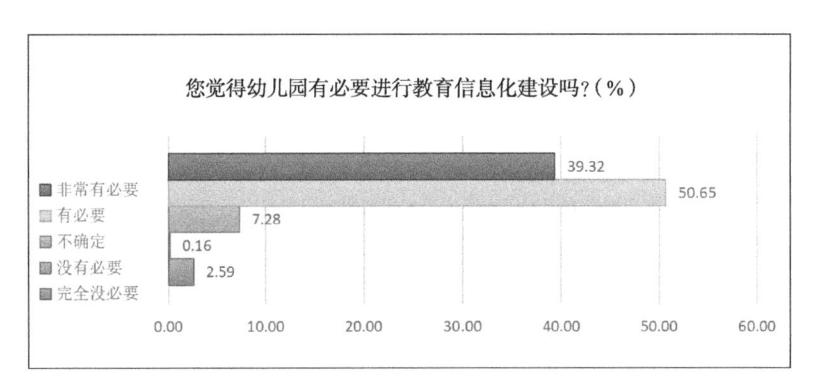

图4-2 非民族地区幼儿园教师对教育信息化建设必要性的认识

研究发现，不论幼儿园所在地是否为民族地区，大多数的幼儿园教师对幼儿园信息化建设均持肯定意见。

4.2.2 幼儿园教师对教育信息化的满意度

满意度调研主要是从幼儿园教师对当地幼儿园信息化整体情况的满意度、对所在学校的教育信息化满意度、信息化环境是否适合教师、信息化对幼儿园整体办园质量是否有帮助、是否有利于开展教学活动5个方面展开。

在对民族地区幼儿园教育信息化总体情况的评价中，有73.26%的教师认为对所在学校的教育信息化感到满意，13.90%的教师感到"非常不满意"+"比较不满意"。对当地的教育信息化满意度中，有61.14%的教师觉得满意，而超过20%的教师认为当地的教育信息化建设"非常差"。（见图4-3）

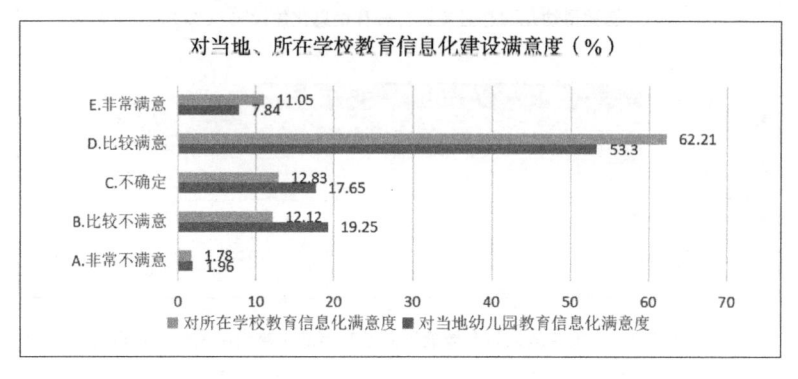

图4-3 民族地区教师对当地、所在学校教育信息化建设满意度

而在非民族地区，有86.73%的教师对所在学校的教育信息化感到满意，仅有5.34%的教师感到"非常不满意"+"比较不满意"。对当地的教育信息化满意度中，有75.08%的教师觉得满意，仅有0.32%的教师认为当地的教育信息化建设"非常差"。（见图4-4）

对当地、所在学校教育信息化建设满意度（%）

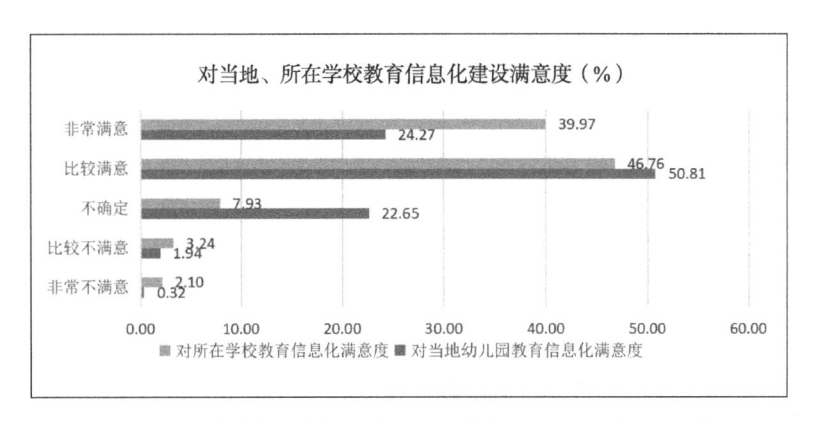

类别	对所在学校教育信息化满意度	对当地幼儿园教育信息化满意度
非常满意	39.97	24.27
比较满意	50.81	46.76
不确定	22.65	7.93
比较不满意	1.94	3.24
非常不满意	0.32	2.10

图 4-4　非民族地区教师对当地、所在学校教育信息化建设满意度

研究进一步说明，教师群体普遍认为自己所在园区的教育信息化要好于当地的教育信息化平均水平。但是民族地区的幼儿园教师更多认为当地的教育信息化建设"非常差"。

在对学校教育信息化是否适合教师的调查中，民族地区有75.4%的教师认为所在学校的教育信息化"非常适合"+"比较适合"，认为"非常不适合"+"不太适合"的教师占比不足10%。有14.97%的教师则未标明是否适合。（见图4-5）在非少数民族地区的幼儿园教师中，有88.35%的教师认为所在学校的教育信息化"非常适合"+"比较适合"，认为"非常不适合"+"不太适合"的教师占比不足4%，仅有8.25%的教师未标明是否适合。（见图4-6）

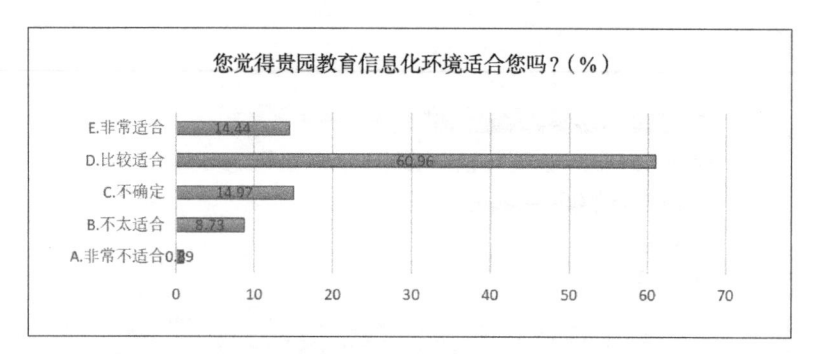

```
您觉得贵园教育信息化环境适合您吗？（%）
E.非常适合    14.44
D.比较适合    60.96
C.不确定      14.97
B.不太适合     8.73
A.非常不适合   0.89
```

图4-5 民族地区教师对学校教育信息化环境是否适合满意度

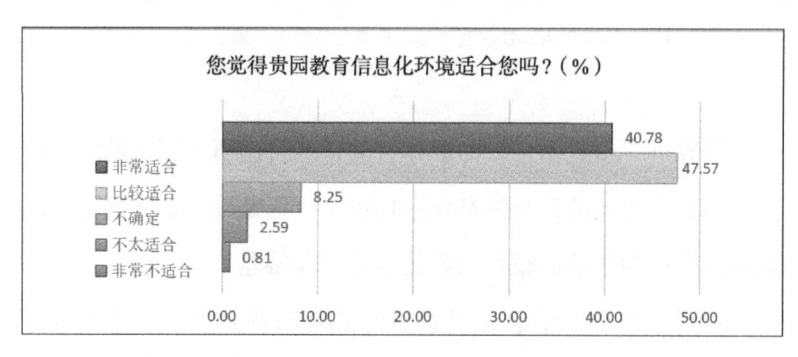

```
您觉得贵园教育信息化环境适合您吗？（%）
■非常适合     40.78
■比较适合     47.57
■不确定       8.25
■不太适合     2.59
■非常不适合   0.81
```

图4-6 非民族地区教师对学校教育信息化环境是否适合满意度

在民族地区，认为教育信息化对幼儿园整体办园质量有帮助的教师占比达到91.98%，仅有2.32%的教师认为教育信息化对幼儿园整体办学质量"没有帮助"+"没有太大帮助"。此外，还有5.7%的教师持不确定的态度。（见图4-7）在非少数民族地区，认为教育信息化对幼儿园整体办园质量有帮助的教师占比更高，达到96.44%，仅有0.16%的教师认为教育信息化对幼儿园整体办学质量"没有帮助"+"没有太大帮助"。此外，还有3.4%的教师持不确定的态度。(见图4-8)

因此，整体看来，民族地区和非民族地区的大部分教师对教育信息化持有肯定积极的态度，民族地区幼儿园教师的积极肯定态度占比略低于非民族地区。

您觉得教育信息化对幼儿园整体办园质量有帮助吗？(%)

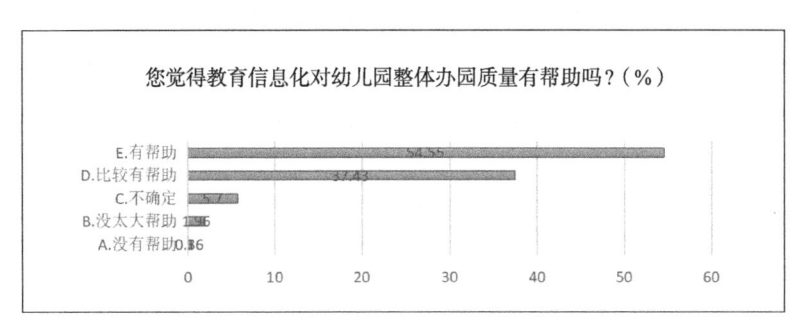

- E.有帮助 54.55
- D.比较有帮助 37.43
- C.不确定 5.47
- B.没太大帮助 1.96
- A.没有帮助 0.36

图4-7 认为教育信息化对幼儿园整体办园质量影响的教师占比（民族地区）

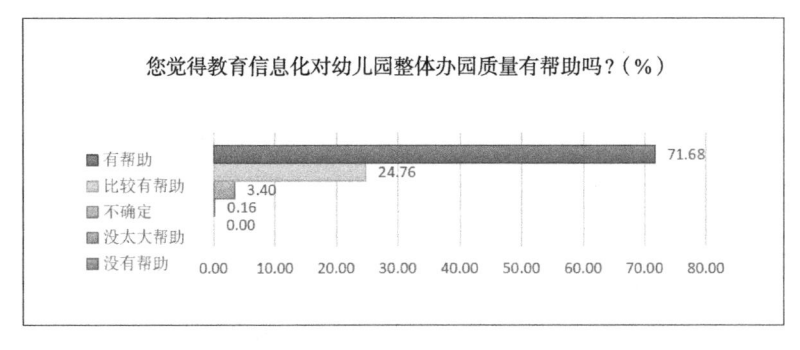

您觉得教育信息化对幼儿园整体办园质量有帮助吗？(%)

- 有帮助 71.68
- 比较有帮助 24.76
- 不确定 3.40
- 没太大帮助 0.16
- 没有帮助 0.00

图4-8 认为教育信息化对幼儿园整体办园质量影响的教师占比（非民族地区）

在民族地区，超过88%的教师认为，在学校利用信息技术获取的资源来开展教学活动效果"非常好"+"比较好"，2.5%的教师认为教学效果"非常差"+"比较差"，8.2%的教师持"不确定"态度。（见图4-9）在非民族地区中，超过94%的教师认为在学校利用信息技术获取的资源来开展教学活动效果"非常好"+"比较好"，仅0.32%的教师认为教学效果"非常差"+"比较差"，4.85%的教师持"不确定"态度。（见图4-10）

利用信息技术获取的资源来开展教学活动效果好吗？（%）

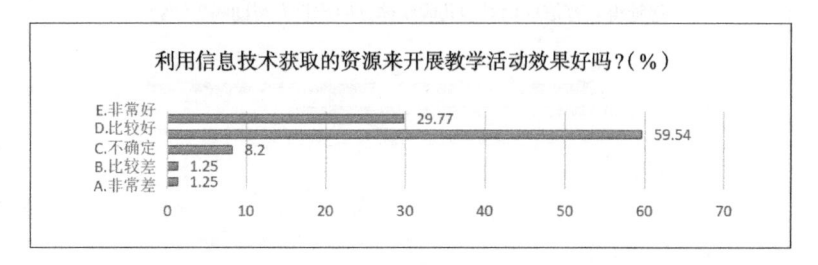

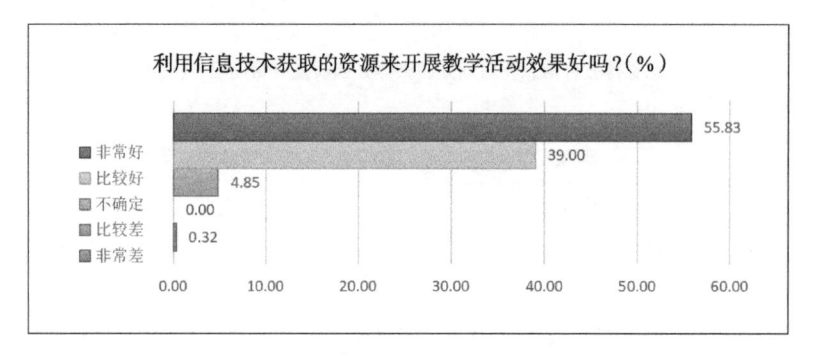

- E.非常好：29.77
- D.比较好：59.54
- C.不确定：8.2
- B.比较差：1.25
- A.非常差：1.25

图4-9 民族地区教师对利用信息技术获取的资源来开展教学活动的效果评价

利用信息技术获取的资源来开展教学活动效果好吗？（%）

- 非常好：55.83
- 比较好：39.00
- 不确定：4.85
- 比较差：0.00
- 非常差：0.32

图4-10 非民族地区教师对利用信息技术获取的资源来开展教学活动的效果评价

从整体上看，大多数教师对利用信息技术获取资源开展教学活动的效果比较满意。民族地区教师对开展教学活动效果的满意度低于非少数民族地区。

4.3 信息化调研结果

此次调查的学校中，民族地区有74.33%的幼儿园不允许教师带班时间使用手机等通信设备，而将近20%的幼儿园允许教师带班时间使用手机等通信设备。（见图4-11）在幼儿园能否保证每个教师公平使用电脑方面，66.49%的教师认为幼儿园能保证，还有超过30%的教师认为幼儿园不能保证每个教师公平地使用到电脑。（见图4-12）

贵园允许教师带班时间使用手机等通信设备吗？（%）

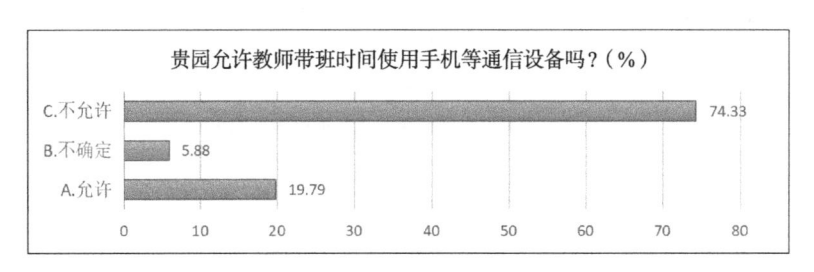

- C.不允许 74.33
- B.不确定 5.88
- A.允许 19.79

图4-11 民族地区幼儿园是否允许教师带班时间使用手机等通信设备

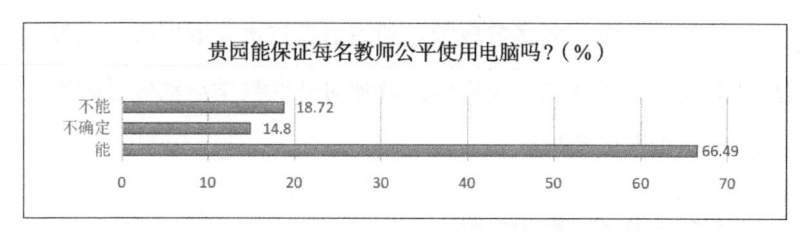

图4-12 民族地区幼儿园是否能保证教师公平使用电脑

　　而在非少数民族地区，78.96%的幼儿园不允许教师带班时间使用手机等通信设备，而21.04%的幼儿园允许教师带班时间使用手机等通信设备。（见图4-13）在幼儿园能否保证每个教师公平使用电脑方面，93.53%的教师认为幼儿园能保证，仅有3.88%的教师认为幼儿园不能保证每个教师公平地使用电脑。（见图4-14）

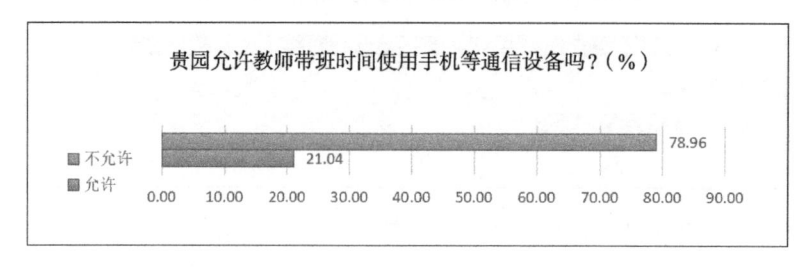

图4-13 非民族地区幼儿园是否允许教师带班时间使用手机等通信设备

贵园能保证每名教师公平使用电脑吗?（%）

- 不能　3.88
- 不确定　2.59
- 能　93.53

图4-14　非民族地区幼儿园是否能保证教师公平使用电脑

在幼儿园提供的信息化设备能否满足教师的教学需要这一方面，民族地区有不到80%的教师认为学校提供的各种数字教学资源"完全能满足"+"比较能满足"教师的教学需求。其中，认为"完全能满足"教学需求的教师占比为12.83%。18.18%的教师认为学校提供的各种数字教学资源"完全不能满足"+"不能满足"其教学需求。（见图4-15）而在非少数民族地区的幼儿园中，超过82%的教师认为学校提供的各种数字教学资源"完全能满足"+"比较能满足"教师的教学需求。其中，认为"完全能满足"教学需求的教师占比为32.85%，远高于民族地区的数据。8.09%的教师认为学校提供的各种数字教学资源"完全不能满足"+"不能满足"其教学需求。（见图4-16）

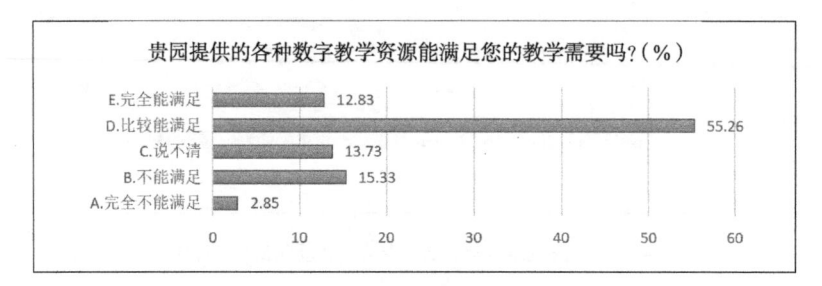

图4-15 民族地区教师对学校数字教学资源满意度

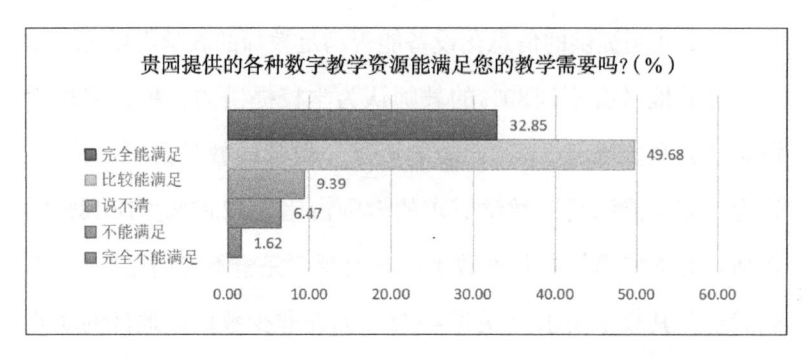

图4-16 非民族地区教师对学校数字教学资源满意度

教育信息化培训是学校教育信息化发展的重要手段，在此次调研中，民族地区有80%以上的幼儿园教师认为，教育部门组织的信息化培训对教师"有帮助"+"比较有帮助"，不足5%的教师认为"没有帮助"+"没太大帮助"，9.8%的教师持保守意见。（见图4-17）在此次调研中，非民族地区91%以上的幼儿园教师认为，教育部门组织的信息化培训对教师"有帮助"+"比较有帮助",仅有0.81%的教师认为"没有帮助"+"没太大帮助",7.77%的教师持保守意见。(见图4-18)研究进一步说明,不论是否在少数民族地区,教育部门组织的信息化培训得到大多数教师的认可。

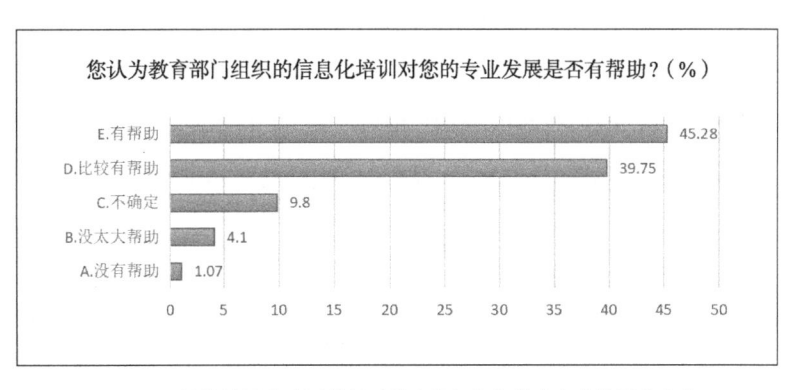

图4-17 民族地区幼儿园教师对教育部门组织的信息化培训满意度

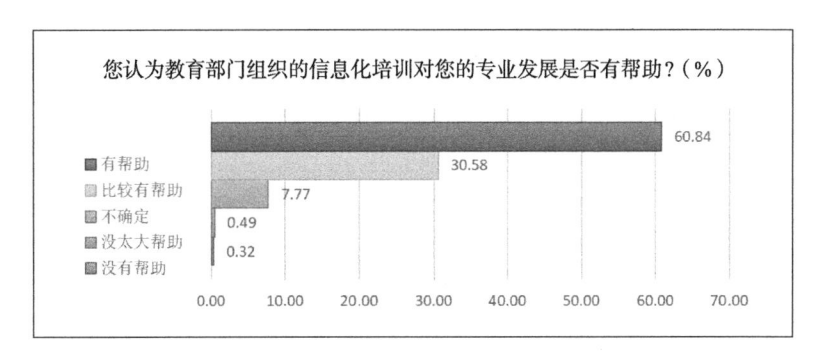

图4-18 非民族地区幼儿园教师对教育部门组织的信息化培训满意度

在教育信息化培训模式中，民族地区和非少数民族地区教师最喜欢的三个模式均为"听课观摩""培训师讲授"和"网络培训"，其中，三种模式在民族地区的受欢迎占比分别为78.79%、58.92%、52.23%，在非少数民族地区的受欢迎占比分别为74.76%、75.08%、65.7%。在民族地区，"自主学习"模式占比为42.78%，其他模式"报告讲座""个别辅导""学术会议"等占比不足30%。在非少数民族地区，"自主学习"模式占比为43.37%，其他模式"报告讲座""个别辅导""学术会议"等占比不足30%。（见图4-19、图4-20）

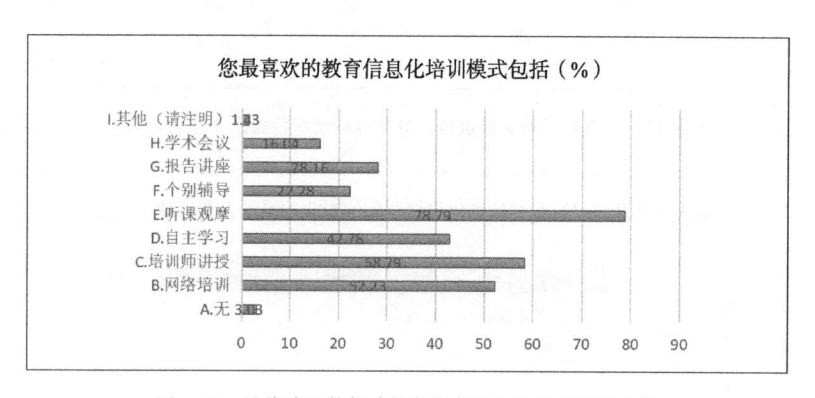

图4-19 民族地区教师对教育信息化培训模式的满意度

您最喜欢的教育信息化培训模式包括（%）

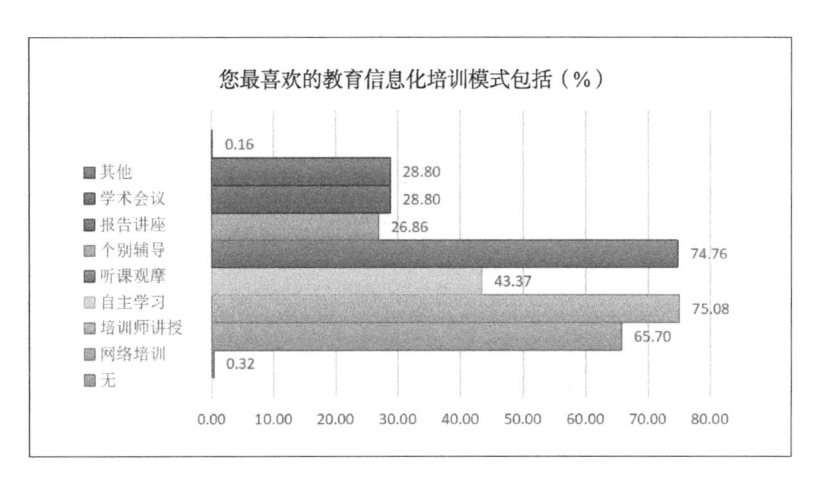

- 其他：0.16
- 学术会议：28.80
- 报告讲座：28.80
- 个别辅导：26.86
- 听课观摩：74.76
- 自主学习：43.37
- 培训师讲授：75.08
- 网络培训：65.70
- 无：0.32

图 4-20 非民族地区教师对教育信息化培训模式的满意度

在培训内容方面，民族地区和非少数民族地区最受教师喜欢的均为"课件制作技术"，占比分别为73.44%、81.39%。"信息化教学设计"次之，占比分别为57.04%、73.30%。另外，在少数民族地区，"现代教育技术理论"受欢迎占比为50%，而"信息化教学/管理平台应用"和"网络安全应用"培训内容受欢迎占比均不足30%。在非少数民族地区，"网上资源下载""现代教育技术理论""学科领域的专业工具使用"受欢迎占比均超过50%。"信息化教学/管理平台应用"的占比为31.23%，而"网络安全应用"培训内容受欢迎占比不足30%。（见图4-21、图4-22）

您最喜欢的教育信息化培训内容包括（%）

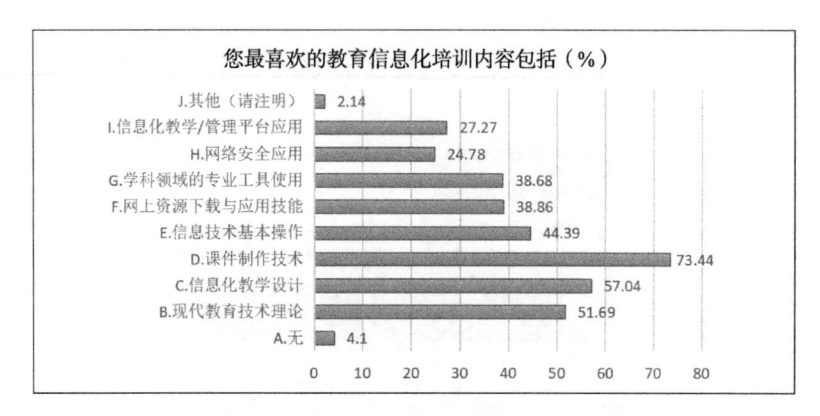

- J.其他（请注明）：2.14
- I.信息化教学/管理平台应用：27.27
- H.网络安全应用：24.78
- G.学科领域的专业工具使用：38.68
- F.网上资源下载与应用技能：38.86
- E.信息技术基本操作：44.39
- D.课件制作技术：73.44
- C.信息化教学设计：57.04
- B.现代教育技术理论：51.69
- A.无：4.1

图4-21 民族地区教育信息化培训内容受教师喜欢占比

您最喜欢的教育信息化培训内容包括（%）

- 其他：1.62
- 信息化教学/管理平台应用：31.23
- 网络安全应用：24.60
- 学科领域的专业工具使用：50.16
- 网上资源下载与应用技能：54.21
- 信息技术基本操作：43.37
- 课件制作技术：81.39
- 信息化教学设计：73.30
- 现代教育技术理论：50.49
- 无：0.00

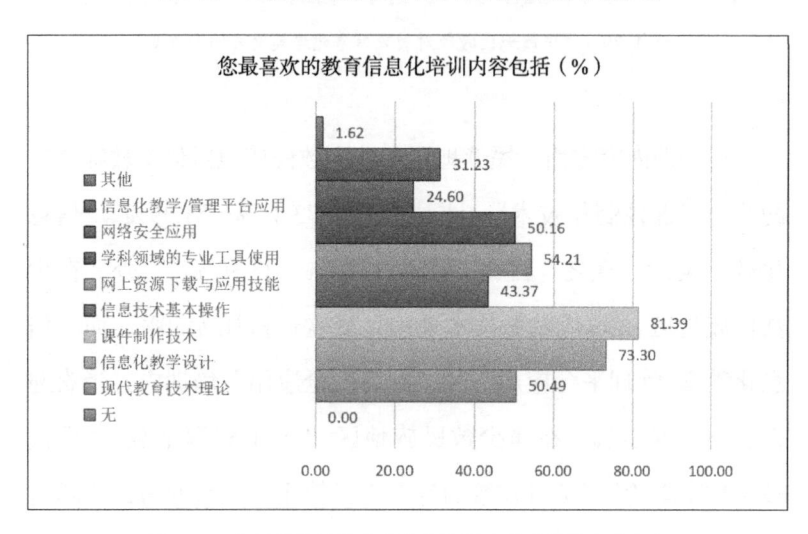

图4-22 非民族地区教育信息化培训内容受教师喜欢占比

4.4 应用化调研结果

幼儿园教师信息化素养是智慧幼儿园建设的关键，教师是进行智慧幼儿园建设的主要推动者以及建设者。因此，对幼儿园教师教育信息化素养进行了解是进行智慧幼儿园试点的重要参考指标。此次问卷调查主要了解教师获取数字教育资源的主要途径；在承担的幼儿园教学任务时是否拥有与教材配套的数字教育资源以及最常使用的数字教育资源类型、频率；在教学中常用的软件工具类型；经常使用的教师网络学习空间功能类型；常用的网络教研形式；基于网络空间平台开展的教研活动；利用信息技术开展的活动类型以及常用的家园互动方式等7大维度。

民族地区幼儿园教师获取数字教育资源的途径主要有国家教育资源平台、区域教育资源平台、校本数字资源库、商业搜索引擎、教师/教研组共享、个人自费购买、个人制作等。其中国家教育资源平台为教师们获取教育数字资源的主要途径，占比为60.43%，教师/教研组共享次之，占比为46.7%，区域教育资源平台的占比为30.48%。而其他获取途径占比不足30%。其中，个人自费购买的途径占比为17.65%。（见图4-23）

您获取数字教育资源的主要途径包括（%）

- I.其他（请注明）：2.32
- H.个人制作 21.75
- G.个人自费购买 17.65
- F.教师/教研组共享 46.7
- E.商业搜索引擎（百度等）28.52
- D.校本数字资源库 29.95
- C.区域教育资源平台 30.48
- B.国家教育资源平台 60.43
- A.无

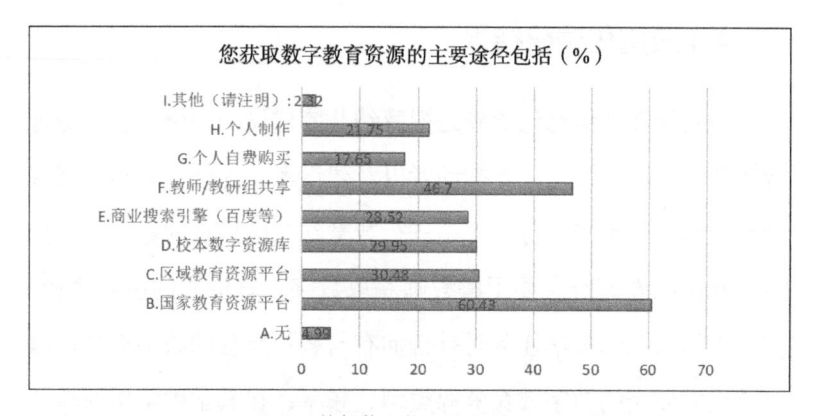

图4-23 民族地区教师获取数字教育资源的主要途径占比

非少数民族地区，幼儿园教师获取数字教育资源主要有国家教育资源平台、区域教育资源平台、校本数字资源库、商业搜索引擎、教师/教研组共享、个人自费购买、个人制作等途径。其中教师/教研组共享为教师们获取教育数字资源的主要途径，占比为61.97%，国家教育资源平台及商业搜索引擎次之，占比均超过50%，校本数字资源库和区域教育资源平台的占比均超过46%。而其他获取途径占比不足40%。其中，个人自费购买的途径占比为17.31%。（见图4-24）

您获取数字教育资源的主要途径包括（%）

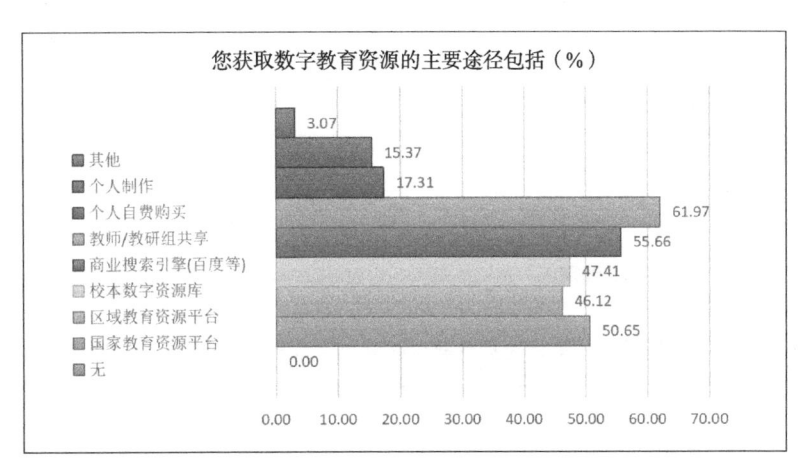

- 其他: 3.07
- 个人制作: 15.37
- 个人自费购买: 17.31
- 教师/教研组共享: 61.97
- 商业搜索引擎(百度等): 55.66
- 校本数字资源库: 47.41
- 区域教育资源平台: 46.12
- 国家教育资源平台: 50.65
- 无: 0.00

图 4-24 非民族地区教师获取数字教育资源的主要途径占比

在民族地区中，有 72.73% 的教师在承担幼儿园教学任务中拥有与教材配套的数字教育资源，14.8% 的教师则没有。说明与教材配套的数字教育资源还未达到普及的程度。（见表 4-1）在非少数民族地区中，也有 74.76% 的教师在承担幼儿园教学任务中拥有与教材配套的数字教育资源，24.76% 的教师则没有。研究说明，教材配套的数字教育资源在民族地区和非少数民族地区均未得到较高程度的普及。（见表 4-2）

表 4-1　教师教学任务是否拥有教材配套数字教育资源占比（民族地区）

项目	百分比（%）
是	72.73
否	14.80
不确定	12.48

表 4-2　教师教学任务是否拥有教材配套数字教育资源占比（非民族地区）

项目	百分比（%）
是	74.76
否	24.76
不确定	0.48

在民族地区，教师在各教育教学环节中最常使用的数字教育资源类型主要包括：PPT课件、微课、授课视频、说课视频、案例、评测表、网络课程。其中PPT课件为最常使用的资源类型，占比接近80%。此外，授课视频也为经常使用的资源类型，占比接近50%，案例资源占到42.78%，其他则不到30%。其中评测表的使用次数最少，占比为13.01%。（见图4-25）

您在各教育教学环节中最常使用的数字教育资源类型包括（%）

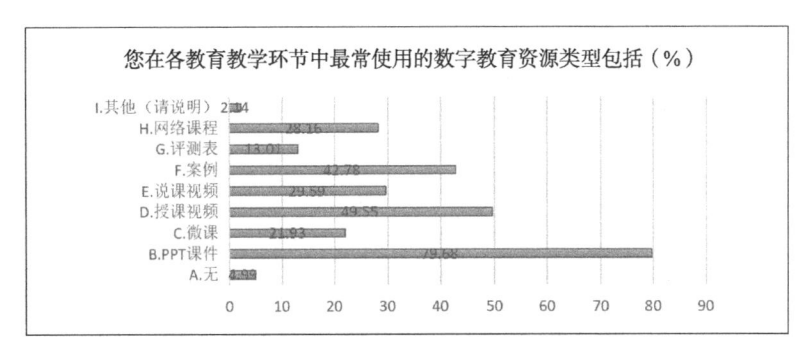

- I.其他（请说明）2.04
- H.网络课程 28.15
- G.评测表 13.01
- F.案例 42.78
- E.说课视频 29.59
- D.授课视频 49.55
- C.微课 21.93
- B.PPT课件 79.68
- A.无 4.99

图4-25 民族地区教师在各教育教学环节中最常使用的数字教育资源类型占比

在非少数民族地区，教师在各教育教学环节中最常使用的数字教育资源类型主要包括：PPT课件、微课、授课视频、说课视频、案例、评测表、网络课程。其中PPT课件为最常使用的资源类型，占比接近80%。此外，授课视频也为经常使用的资源类型，占比接近90%。另外，受新冠疫情影响，视频授课资源占到了45.31%，网络课程也占到29.94%，案例资源占到43.37%。其他则不到30%。其中评测表的使用次数最少，占比为13.92%。（见图4-26）

您在各教育教学环节中最常使用的数字教育资源类型包括（%）

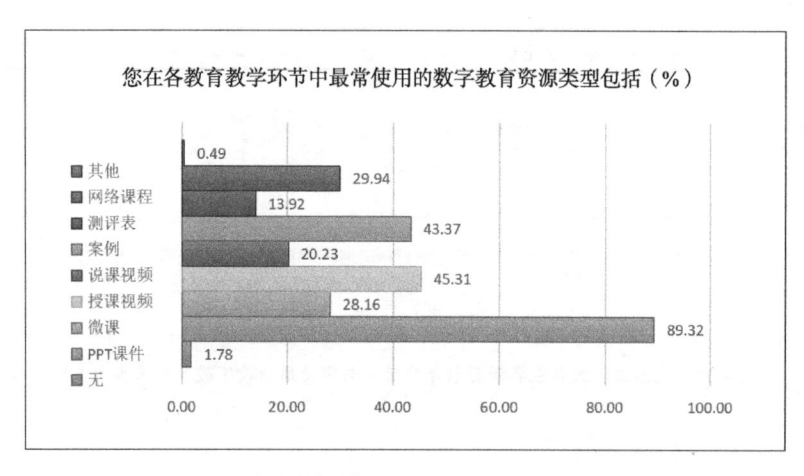

- 其他 0.49
- 网络课程 29.94
- 测评表 13.92
- 案例 43.37
- 说课视频 20.23
- 授课视频 45.31
- 微课 28.16
- PPT课件 89.32
- 无 1.78

图4-26 非民族地区教师在各教育教学环节中最常使用的数字教育资源类型占比

关于数字教育资源的使用频率，民族地区"每周使用1-2次"的教师人数占比为31.19%，"几乎每节课都用"的教师占比为21.75%，"每月使用1-2次"的教师占比为16.04%，"每年使用1-2次"的教师占比为9.63%，"从不使用"的教师占比为4.46%。（见图4-27）在非少数民族地区，关于数字教育资源的使用频率，"每周使用1-2次"的教师占比为52.75%，"几乎每节课都用"的教师占比为17.48%，"每月使用3-4次"的教师占比为25.4%，"每年使用1-2次"的教师占比为4.21%，"从不使用"的教师占比为0.16%。（见图4-28）

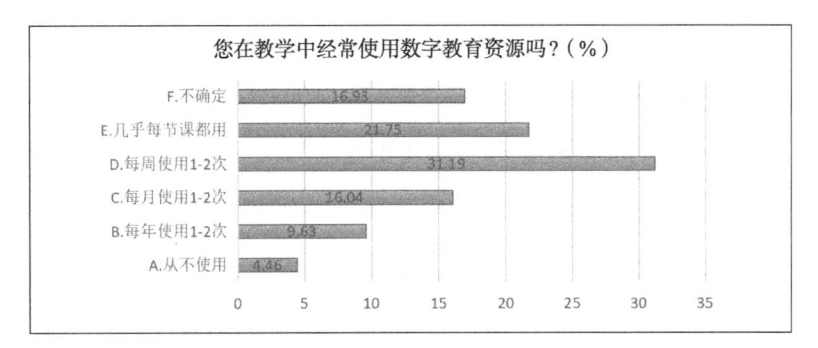

图4-27 民族地区教师在教学中经常使用数字教育资源占比

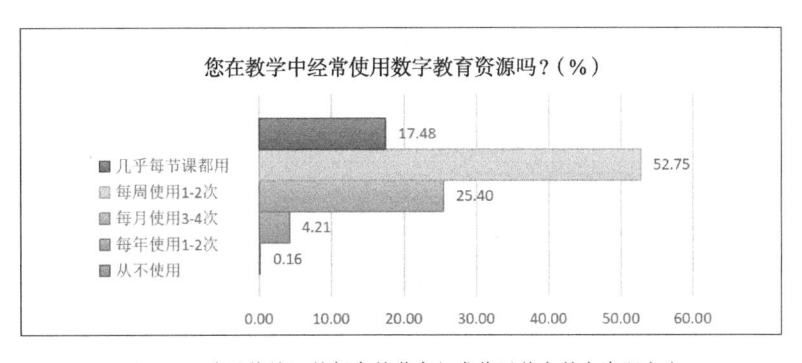

图4-28 非民族地区教师在教学中经常使用数字教育资源占比

幼儿园教师在教学中常用的软件工具主要有普通软件工具、专用学科教学软件、多媒体课件制作工具、数字教育资源共享平台、网络教研平台、网络教学平台、幼儿发展评价量表、教师发展评测工具、即时通信工具（如QQ，微信）等9种。其中在民族地区，"多媒体课件制作工具"为教师们经常使用的软件工具，占比为73.44%，选择"普通软件工具"的教师占比为47.24%，使用"即时通信工具（如QQ，微信）"的教师占比则略超30%。使用其他软件工具的教师占比均不足30%。（见图4-29）在非少数民族地区，"多媒体课件制作工具"为教师们经常使用的软件工具，占比为83.33%，选择"即时通信工具（如QQ，微信）"的教师占比则略超51.29%。"普通软件工具""专用学科教学软件"及"数字教育资源共享平台"占比均超过30%。使用其他软件工具的教师占比均不足30%。（见图4-30）

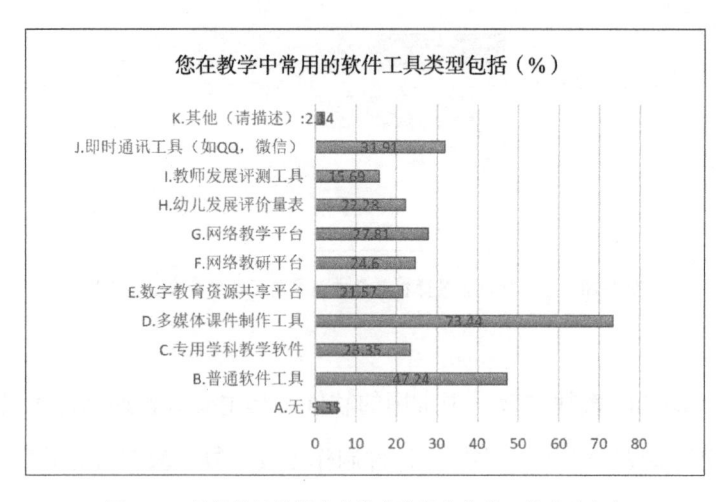

图4-29 民族地区教师在教学中常用的软件工具类型占比

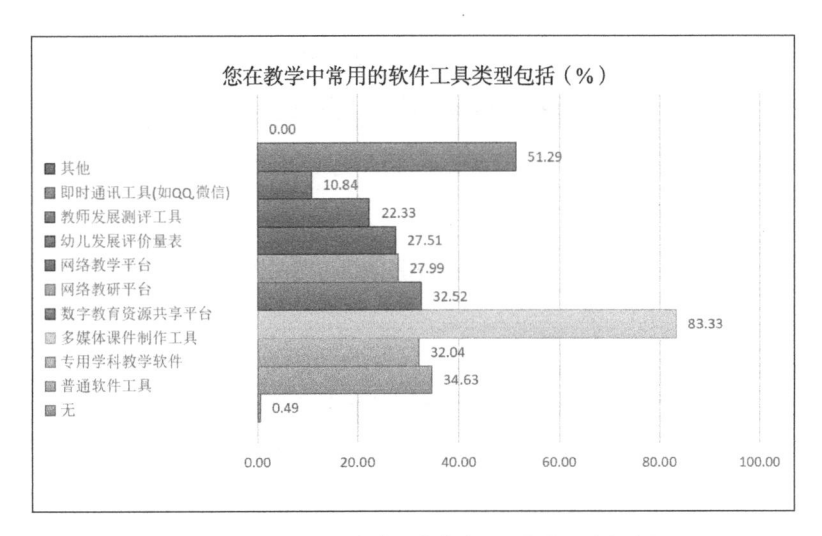

图4-30 非民族地区教师在教学中常用的软件工具类型占比

　　教师网络学习空间为教师提升信息化素养提供了良好的辅助。一般的功能主要有备课，授课，家校互动，网络研修，学习指导，师幼互动，资源共享，发展评估等。而此次调研发现，教师对学校的教师网络学习空间功能的开发利用还不足。在民族地区中，认为教师网络学习空间功能包括"备课""师幼互动""授课"的教师占比分别为68.98%、55.26%、51.34%，选择其他功能的占比均不足50%，认为具有发展评估功能的教师占比最低，为14.26%。（见图4-31）在非少数民族地区，认为教师网络学习空间功能包括"备课""资源共享""家校互动""师幼互动"

及"网络研修"的教师占比分别为71.68%、54.69%、53.07%、52.1%和51.13%，选择其他功能的教师占比均不足50%，且认为具有发展评估功能的教师占比最低，为16.18%。（见图4-32）

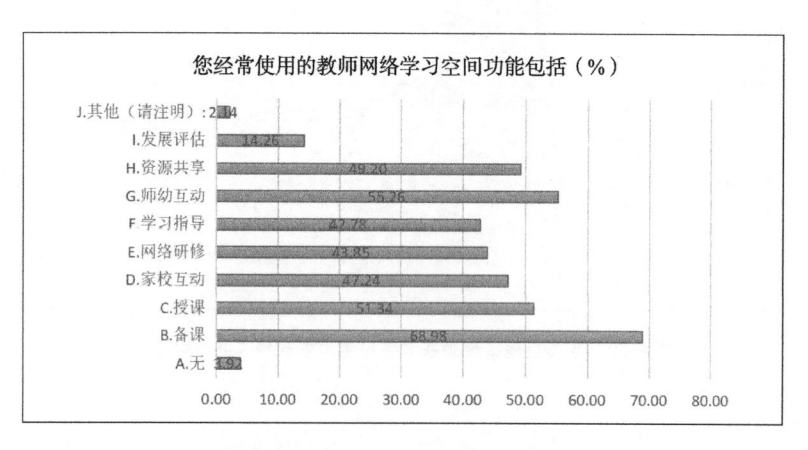

图4-31 民族地区教师经常使用的教师网络学习空间功能占比

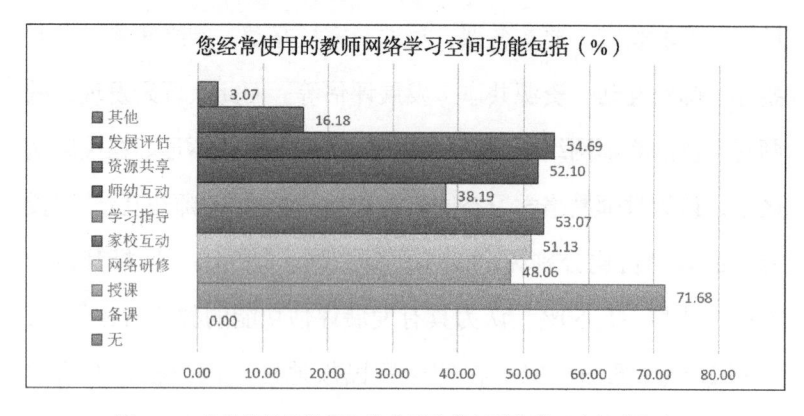

图4-32 非民族地区教师经常使用的教师网络学习空间功能占比

在教研活动中，民族地区的教师中有56.86%经常使用的网络教研形式为"浏览教研活动"，50.09%的教师为"参与名师课堂"，48.66%的教师为"观看现场直播"，46.17%的教师为"开展互动研讨"，而有将近10%的教师则基本没有使用网络教研。（见图4-33）非少数民族地区教师中有超过71%的教师经常使用的网络教研形式为"开展互动研讨"，65.37%的教师为"浏览教研活动"，55.34%的教师为"参与名师课堂"，55.18%的教师为"观看现场直播"，仅有不到1%的教师基本没有使用网络教研形式。（见图4-34）

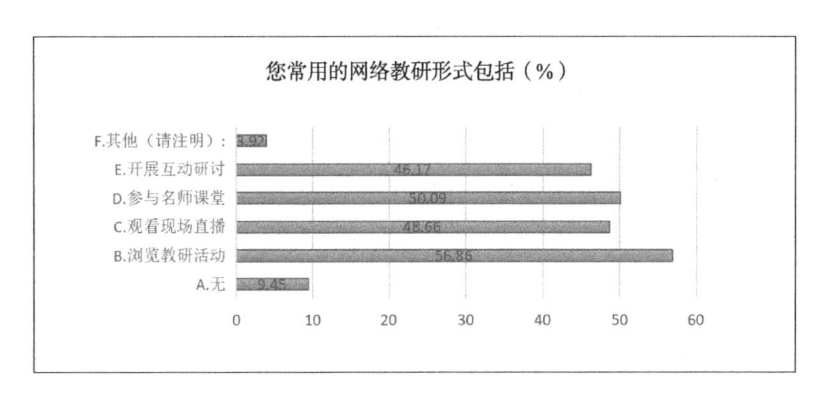

图4-33 民族地区教师常用网络教研形式占比

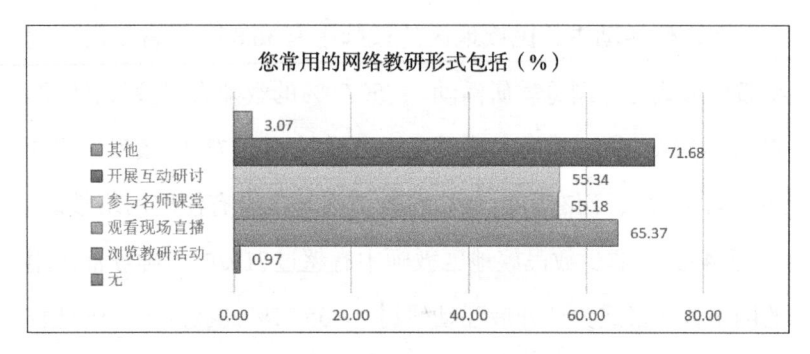

图4-34 非民族地区教师常用网络教研形式占比

在教师基于网络空间平台开展的教研活动中，民族地区的教师中有55.79%的教师进行"教研课题成果共享"，43.67%的教师为"教研评价"，41.35%的为"教学资源智能推送"。其余活动包括"在线教学活动设计""电子教案协同编辑""数据库管理""发展量表生成"，教师占比不足30%。（见图4-35）在非少数民族地区，教师中有67.96%进行"教研课题成果共享"，56.31%的教师选择"教学资源智能推送"，49.68%的教师选择"在线教学活动设计"，另有41.59%的教师选择"电子教案协同编辑"。其余活动包括"教研评价""数据库管理""发展量表生成"，选择的教师占比不足40%。（见图4-36）

基于网络空间平台开展的教研活动包括（%）

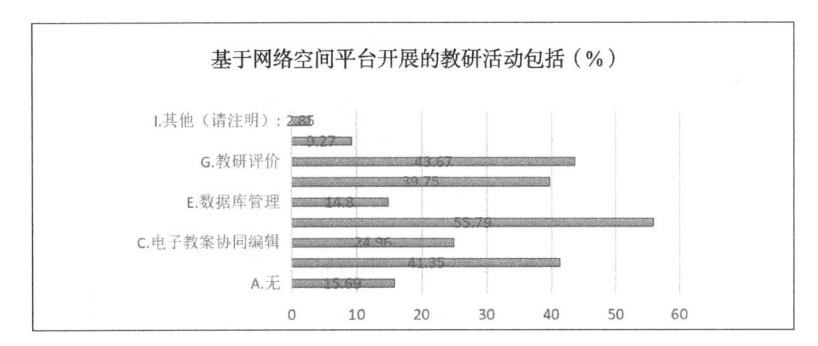

图4-35 民族地区教师基于网络空间平台开展的教研活动占比

基于网络空间平台开展的教研活动包括（%）

项目	百分比
其他	0.49
发展量表生成	9.71
教研评价	38.83
在线教学活动设计	49.68
数据库管理	22.82
教研课题成果共享	67.96
电子教案协同编辑	41.59
教学资源智能推送	56.31
无	1.78

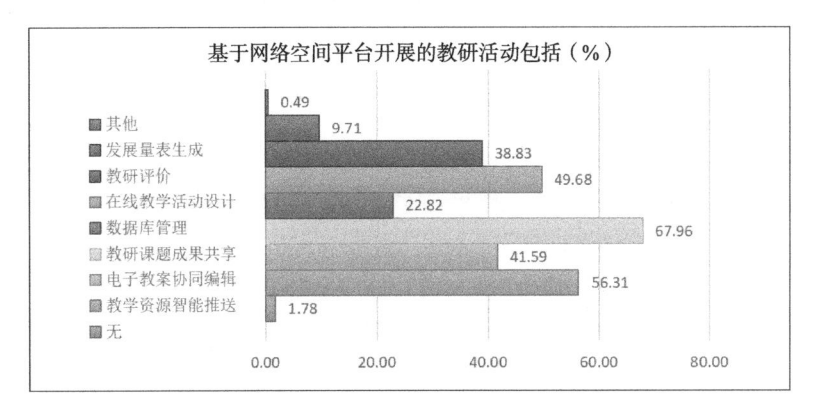

图4-36 非民族地区教师基于网络空间平台开展的教研活动占比

教师利用信息技术开展的活动目前主要包括：优化活动组织方式，在线学习，获取、加工和管理数字化资源，设计活动支持幼儿自主探索，测试评价儿童发展，开展信息化游戏活动设计，参加园本和区域教研活动，开展家园共育等。在此次调研中，民族地区教师"在线学习"的占比为64.71%,"参加园本和区域教研活动"的占比为49.38%,"设计活动支持幼儿自主探索"的占比为44.92%,"优化活动组织方式"的占比为41%。(见图4-37)在非少数民族地区,"在线学习"的教师占比为76.05%,"优化活动组织方式"的占比为63.43%,"开展信息化游戏活动设计"和"设计活动支持幼儿自主探索"的占比均不足50%。(见图4-38)可见,大部分教师在利用信息化技术方面均需要进一步提高。

您利用信息技术开展的活动包括（%）	
J.开展家园共育	42.25
H.参加园本和区域教研活动	49.38
G.开展信息化游戏活动设计	36.72
F.测试儿童发展评价	27.27
E.设计活动支持幼儿自主探索	44.92
D.获取、加工和管理数字化资源	28.88
C.在线学习	64.71
B.优化活动组织方式	41
A.无	6.06

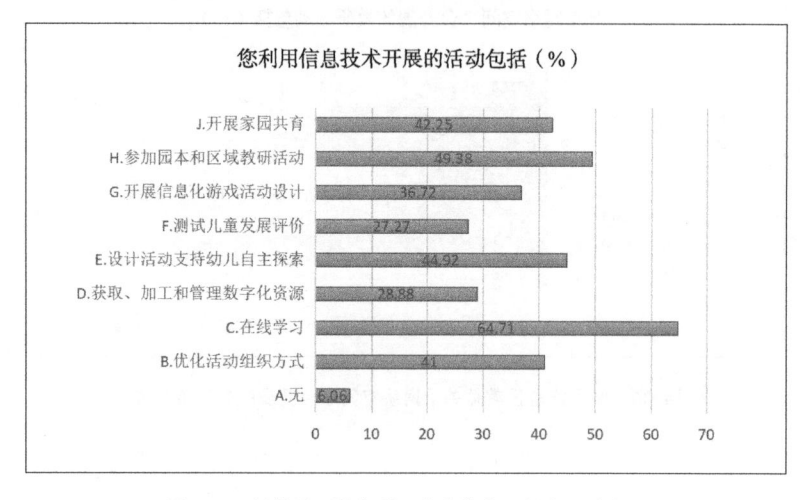

图4-37　民族地区教师利用信息技术开展的活动占比

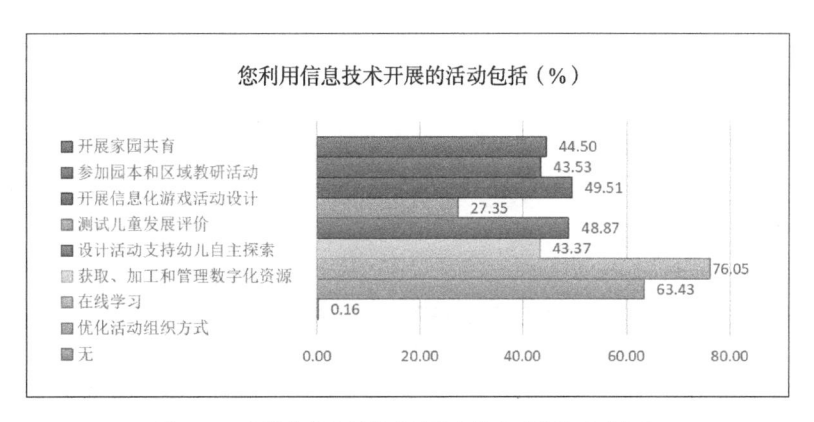

图4-38 非民族地区教师利用信息技术开展的活动占比

在家园共育中，民族地区使用"微信"进行家园互动的教师占比达到90.2%，其次为"电话"，占比为75.94%，"短信""QQ"的占比分别为48.66%、45.63%。而"家园通平台/专用软件"的使用率则不高，为28.88%。在其他家园互动方式中，使用"公众号"的教师占比为24.24%，而"邮箱""钉钉"的使用占比则不到10%。（见图4-39）在非少数民族教师中，使用"微信"进行家园互动的教师占比达到89.97%，其次为"家园通平台/专用软件"，占比为57.77%，"电话""QQ"的占比分别为48.06%、45.79%。而"短信"的使用率则不高，为21.36%。其他家园互动方式中，使用"公众号"的教师占比为35.44%，"邮箱""钉钉"的占比则不到30%。（见图4-40）

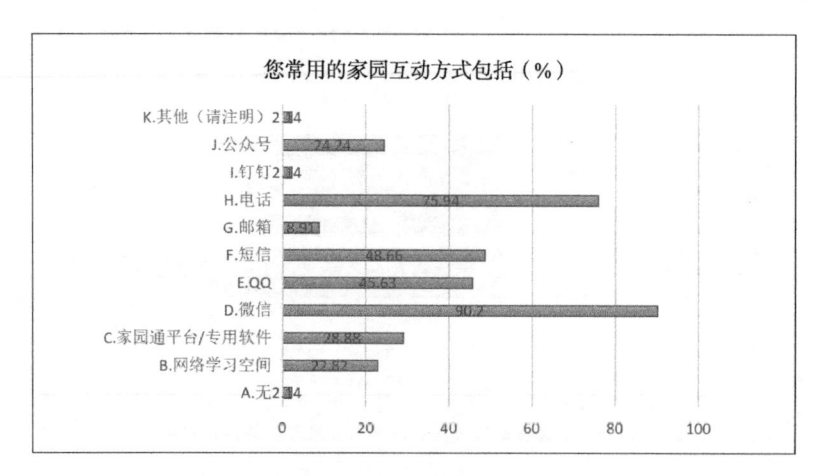

图4-39 民族地区教师常用的家园互动方式占比

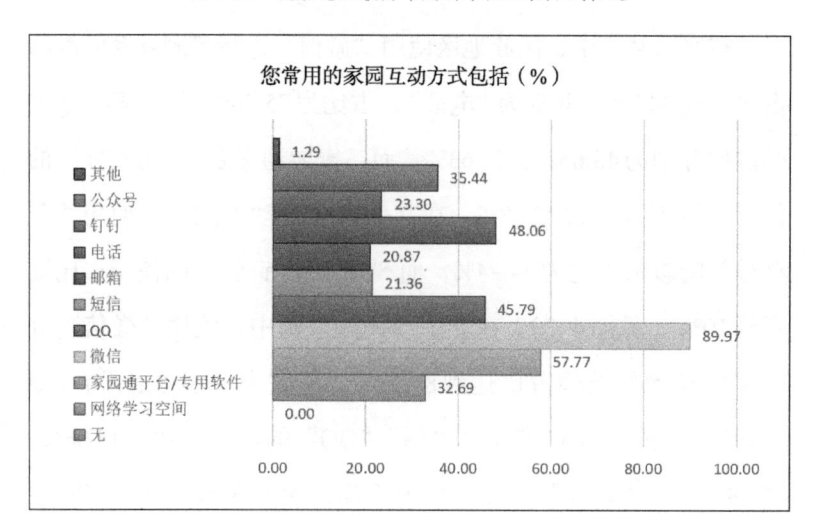

图4-40 非民族地区教师常用的家园互动方式占比

4.5 研究讨论与总结

通过上述调研，课题组发现，民族地区和非少数民族地区的信息化设备均缺乏一定程度的普及，教师对电脑的使用，因受到电脑数量资源的限制，使用率不高。在进行信息化教学的过程中，因培训内容和次数不足，信息化素养还不够。在智慧幼儿园以后的试点园校中，不仅要注重设备的配备，也需要注重对幼儿园教师信息化素养的培训指导，教学研讨、网络视频观看等传统的信息化模式确实是受教师喜欢的培训方式。针对调研的数据和分析的成果，课题组认为，推动民族地区智慧幼儿园建设的研究十分迫切和必要，希望本研究能为"十四五"教育规划的开局之年提供相关的建设标准和决策参与。

第 5 章
对策研究

5.1 民族地区智慧幼儿园建设的内涵要求

5.1.1 将民族文化融入智慧幼儿园建设中

幼儿园建设应关注儿童成长的文化背景，体现儿童的生命成长意义。将民族文化融入幼儿园建设能够促进少数民族聚居区幼儿园建设贴近儿童的生活，关注儿童所处的文化背景，让儿童体会到文化带来的"滋养"，感受生活的趣味，丰富他们的生命体验，回归儿童的生命本真，有助于实现幼儿文化认同、民族认同、国家认同和促进幼儿身心和谐健康发展。在实施途径上，幼儿园可通过主题教学活动、日常生活活动、区域活动、亲子活动及民俗节日教育活动来实施，也可通过"网上家园"促进家园合作，促使幼儿和家长一起了解学习民俗文化。通过对文化的学习，更重要的是培养幼儿和家长对中华民族的认同，对中华民族统一和伟大复兴的认同，这也是民族地区智慧幼儿园建设最为核心的内涵。

5.1.2 共享发达地区优质幼儿园的教育资源

在"互联网+"背景下,网络技术和通信技术日渐成熟,为不同区域间实现教育活动、教育资源共享提供了完备的技术支撑。例如,在现代化技术的推动下,不少城市优质幼儿园搭建了同步课堂和网络视频会议平台,实现了与西藏等偏远地区幼儿园的教学对接,即便是处于不同的区域,城市幼儿园也可以在同步课堂的协助下向西藏地区幼儿园的小朋友们展示自己绘画、舞蹈、音乐等学习活动,便于边疆地区幼儿园学习内地幼儿园教育管理智慧。与此同时,网络视频会议平台的建立有效解决了区域间幼儿园的教育沟通问题,方便各大优秀幼儿园交流幼儿教育经验、深入开展教学研究,从而推动幼儿教育事业再上新高。

5.1.3 搭建智慧信息技术平台促进家园共育

搭建"沟通、安全、寓教、成长、健康"五位一体的家园互动平台,借助移动智能终端便可实时共享数据,真正搭建起一座幼儿园与家庭沟通的桥梁。

①沟通功能:教师可以直接在平台沟通模块中发送幼儿疾病预防、安全教育等消息任务,还可以将幼儿每日所学内容上传到平台中,便于家长全方位掌握孩子在园的经历;家长也可以将幼儿的表现通过平台传给教师,便于老师全方位掌握孩子在家的习

惯和表现。有效的沟通，对幼儿的成长是有利的。

②安全功能：设有"智能考勤系统"，幼儿需请假时，直接在线提交，注明请假原因和请假天数即可，平台可自动检索生成幼儿每学期的考勤档案，接受家长的监督，家长是我们最忠诚的伙伴。

③寓教功能：设有任务发布、跟进、提醒功能，可方便教师在平台中定期发送幼儿园的主题活动，让家长们和教师共同设计活动思路、准备活动材料。

④成长功能：教师应注意与家长接触中的行为定位，进而引领家长。无论是家长主动来访还是教师主动与家长沟通，幼儿园的主要责任是在提高幼儿服务质量的基础上，积极主动地影响家长对幼儿教育的认识，增强家长的教育意识，提高家长的教育能力。更重要的是发挥教育的功能，鼓励孩子不断进步。因为，家长和老师记录的都是孩子的闪光点。

⑤健康功能：以档案储存的模式，将孩子们在园成长的点滴用图片和视频记录下来，有助于教师为孩子们制定个性化的培养计划，同时也让家长们感受到幼儿的进步。

另外，是要充分挖掘家长中的教育资源，吸引家长主动参与幼儿园教育活动设计与实施过程，与他们分享幼儿教育的观念、经验、体会。

5.1.4 建立关注幼儿成长的大数据评价体系

依托大数据技术，现代幼儿园逐步构建了基于幼儿、幼师、园区和家庭四要素的全方位评价体系，比以往纸质化投票评价方式有着显著的优势。大数据评价评估系统可拥有"幼儿成长评价""园区建设评价"和"优秀教幼师推选"等多个评价模块，其中幼儿成长评价可通过调取幼儿成长记录档案，并融合教师、家长的在线评价来对孩子们做出完整公正的评价，课程教学评价和优秀教师推选亦是如此。幼儿、园区教师、家长均是评价的主体，都有权在网络平台中提交评价数据。待评价过程完成后，网络化平台在大数据技术的强力支撑下，可高效精准地完成数据整理、汇总、分析、对比工作，最终生成完整的评价报告，能够为幼儿园提升家园共育质量和水平提供可靠的参考和依据。

5.2 民族地区智慧幼儿园建设的实施要点

5.2.1 智慧幼儿园建设存在的问题

目前，我国在大力推进智慧幼儿园建设的同时还存在一定的问题。首先，真正实现"智慧幼儿园"是一个漫长而曲折的过程，人们常常会将"智慧幼儿园"等同于"数字幼儿园"，功利化地强调信息、数字的共享交流，却忽视了智慧幼儿园本质上应从智慧教育的角度去支持引导幼儿的发展。部分幼儿园的管理停留在数字化阶段，即使有一定程度的网络技术引入，也都停留在最基础环节，没有真正上升到智慧管理层面。其次，幼儿园难以购入更先进的软硬件设施，也无力引入掌握了先进技术的人才。虽然部分幼儿园为提高竞争力、吸引家长幼儿，重金引入先进的软硬件设施，但存在闲置、应用受限、功能发挥不全、不能持续有效应用等问题。除此之外，智慧幼儿园建设还缺乏理论层面的指导与技术层面的支持，部分智慧幼儿园建设未从幼儿园的实际与本地特色出发，未充分了解家长、幼儿的需求，盲目跟风，从而导致智慧幼儿园不仅没有发挥出智能化优势，更没有实现"互联网+"时代对教育教学的赋能。

5.2.2 整合资源实施智慧幼儿园建设

首先，可以通过信息网络技术建立起各幼儿园之间的信息交流平台，实现应用资源整合。教师可以在平台分享园内高效管理经验、优质教学资源等，各园相互沟通交流，在整合资源的基础上，实现幼儿园之间管理与教学的互助。其次，搭建幼儿园与医院、食品安全、交通等涉及幼儿衣食住行的各行各业之间的桥梁，将幼儿生活所需资源通过计算机网络系统整合，不仅能将幼儿在园生活的各种指标向家长公开，也可以在幼儿寻求帮助时第一时间进行资源整合，提供最有效、便捷的支持。再次，建立智慧幼儿园建设的对口支援，整合发达地区与不发达地区之间的教育教学资源，实现资源共享，推动不发达地区的智慧幼儿园建设。除此之外，在智慧幼儿园建设之初，应通过顶层设计、整体规划、统一架构、系统论证，实现建设资源的整合。在建设之中，通过建立组织、明确职责、规范运营、统一标准，实现管理资源整合。在智慧幼儿园建设完成之际，通过测量绩效、分析差距、改进完善、综合评价，实现评价资源的整合。

5.2.3 解决推进智慧幼儿园建设工作瓶颈问题

首先，智慧幼儿园的建设不仅与幼儿园本身息息相关，还有赖于智慧社区、智慧城市的整体发展，这将是一个协调统一的过程。目前，智慧幼儿园建设还缺乏政府的资金支持、政策方面的倾斜和针对性支持，以及整个社会智慧化发展水平的全力提升。其次，由于缺乏统一的规划和标准，各系统之间没有规范的数据接口，已有的系统统计数据无法上报、无法共享，从而导致大量的信息孤岛；幼儿教师的信息化素养整体不高，缺乏信息技术应用相关培训，导致智慧教育系统无法充分发挥作用。再次，智慧幼儿园建设在农村以及偏远地区普及率较低、推广范围小、力度弱，家长对智慧幼儿园学费的承受能力低；幼儿园园长、教师在意识层面未认识到推广智慧幼儿园的重要意义与作用；幼儿家长育儿思想传统陈旧，缺乏家园共育意识，对配合幼儿园智慧建设工作缺乏积极性等等。除此之外，由于东西部发展不均衡，西部地区的智慧幼儿园建设相比东部还存在缺乏资源共享平台、软件开发与应用滞后、智慧化保障体系不健全等工作瓶颈。

5.2.4 精准推进智慧幼儿园建设的切入点

智慧幼儿园建设可以从以下三个方面推进。一是抓住信息化发展契机,以信息技术、信息媒体为媒介,建立起幼儿园内部信息网络,实现应用融合,建立高效便捷的智慧管理模式。在此基础上推进幼儿园与外部沟通的网络建设,使内外相互连通,搭建互帮互助的智慧共享平台。二是以软件媒体为桥梁,实现幼儿园物理环境智能感知可调,使幼儿舒适生活。加大软件技术的融合创新,使其能识别幼儿个体特征和学习情境,提供优质学习资源,记录和评价学习效果,打造智慧课堂。三是打通在园教育和家庭教育,使幼儿家长公开透明地了解幼儿学习生活现状,并参与到在园育儿的过程中,促进家园联系深度化,实现智慧家园合作。

5.2.5 智慧幼儿园体系的构架

智慧幼儿园体系构建可以依托智慧幼儿园管理平台,构建基于物联网、云计算架构的智慧体系以及基于智慧建筑的整体数据标准和评估体系,同时集成幼儿健康监测、轻松课堂、安全接送、健康饮食、实时监控、环境监测、安全防范、能耗管理等功能,搭建统一的以智慧元素为基础的幼儿园信息平台。将云计算、物联网、数据挖掘和数据分析等信息化技术融入教育教学全过程，从硬件平台提供网络服务，虚拟化云平台服务、拍照、监控等，提供智慧幼儿园基础环境支撑；软件平台覆盖智慧接送、智慧班务、智慧成长、智慧校务等学校场景，提供用户终端接入和使用；应用服务平台将学校应用移动化，为学校提供必需的核心业务服务和运维管理服务。

5.2.6 做好智慧幼儿园建设区域性推进工作

首先，要分区域推进智慧幼儿园建设工作，就要立足实际，围绕相关政策要求，明确区域推进的思路，建立确保区域推进的管理体系，探索推进的方法与途径，制定区域智慧幼儿园建设指标。其次，重点突破，试点先行。对于已有较为成熟的软硬件基础环境的幼儿园，优先进行区域内试点，加大机构的队伍保障、教育设施配备、数字化教育资源等方面的支持力度，形成可借鉴的智慧幼儿园建设经验，以点带面，为全面推进区域智慧幼儿园建设奠定基础。再次，打造区域智慧幼儿园生态体系，形成长效督导监管机制。构建区域智慧教育平台，完善区域教育资源管理及服务体系，搭建区域网络教学教研平台，建立区域教育大数据分析及动态评价系统。构建智慧校园，建立幼儿园网络教学系统、智慧管理系统、数据分析及动态评价系统。构建智慧课堂，包括建立智慧课堂信息化环境，推广智慧课堂移动端使用，大力开展智慧课堂应用教学。最后，积极组织智慧幼儿园建设相关活动，如设立相应的区域级课题及项目，同时还可以组织研讨会，交流建设成果与建议，还可以组织智慧幼儿园建设的观摩评比，充分吸收先进的成果经验，改善建设质量。

5.2.7 实施智慧幼儿园建设的有效途径

首先，更新硬件，优化信息化育儿环境，升级软件，拓展信息化应用广度与深度，利用大数据整合建设智慧园所，创设互联交互、智能安全、人本绿色的智慧教育环境。其次，要利用信息技术的优势，全面提高幼儿园管理水平，建立智慧幼儿园管理网络，并引入信息托管技术，在建立完善的幼儿园管理网络基础上保障幼儿园信息管理安全，集成优化、系统高效的智慧园务管理模式。再次，应用现代教育手段，创建网络课堂、丰富教学内容，优化幼儿教育教学过程，创新智慧幼儿园教育实践，提高幼儿教育成效，创建共建共享、多元整合、优质可选的智慧教学资源。另外，应促进教师专业水平提升，构建幼儿教学交流信息平台，以资源共享促进教师专业素养的提高，建设专业、高素质的智慧师资队伍。最后，依托信息技术，建立智慧幼儿园家园互动体系，将新媒体与智慧幼儿园建设相融合，实现信息透明服务，不断增进家园有效互动，实现家园共育。

5.2.8 实现发达地区与民族地区信息化资源共享

首先，开发教育资源，充分利用发达地区教育课程资源优势，填补资源空缺。通过信息化教育云平台、同步课堂、支教送教等分享形式，将发达地区幼儿园教育的优质教学资源推送到少数民族地区，以解决少数民族地区幼儿园课程资源匮乏的问题，为内地与少数民族地区师生架起一座无形的桥梁，为少时民族学前教育提供良好的环境、资源和服务。其次，民族地区可以主动与发达地区园校合作，建立一对一的教育对口支援机制，发达地区根据民族地区幼儿园需求提供帮扶，从而实现有针对性的优质资源分享。另外，不断创新教学方法，定期为少数民族地区培养、输送信息化教学能力强的专门型人才。采取适合信息技术发展的建设策略，充分运用信息技术，最大化地优化教学过程和手段，提高少数民族地区教师队伍信息技术应用能力，促进教学资源的共建共享。最后，还需要进一步完善资源建设模式，鼓励民族地区教师制作具有地区性、民族特色的数字教育资源，并健全资源分享、奖励机制等。

5.2.9 发挥园长教师在智慧幼儿园建设中的主体作用

首先，为了凸显教师在幼儿园管理工作中的主体地位，需要充分调动教师的积极性与主动性，促进教师主动应对寻求发展。幼儿园教师和园长要积极面对人工智能、5G等新技术变革，熟练掌握和应用信息技术，提升信息化能力，探索信息技术与保育教育深度融合的方法，助力幼儿学习与发展，使育人过程更加智慧。其次，在幼儿园管理工作中，教师应秉持"以人为本"的管理理念，通过构建一种和谐且互信的人际关系来体现教师的主体地位。再次，加强教师队伍建设，推进教师智慧转型。智慧型幼儿园教师要具有运用技术对园内幼儿各种活动数据信息进行科学采集、分析、判断和使用的能力，专业地指导幼儿自主学习，转型成为幼儿学习和终身发展的促进者、支持者、合作者、引导者、激励者和影响者。最后，借助技术提升幼儿园教师的专业能力，建立完善的评价指标。通过信息技术科学助力教师更好地解读幼儿行为，不断创新保教理念，重组教育资源，优化自身的教育行为，更好地支持幼儿发展，实现专业能力智慧提升。在此基础上建立评价指标，在一定程度上也能激发教师的积极性、主动性，提升教师的综合能力。

5.2.10 因地制宜实施民族地区智慧幼儿园建设

首先，要明确智慧幼儿园的内涵，认真规划民族地区的智慧幼儿园建设。由于各民族地区经济文化发展不平衡，因此各地实施智慧幼儿园建设也会处于不同阶段，民族地区智慧幼儿园建设是一项长期的任务，不同地区会有很大的差别，不能用统一的标准来要求。因此要对民族地区幼儿园内教学等管理部门进行详细调研，了解教师与幼儿的真正需求，根据前期的需求分析和总体设计方案，进入各系统或管理平台的详细设计阶段。发挥好的示范样板作用，在搞好传统基础教育的前提下，政府扶持，参观学习，开阔视野，分阶段推进智慧幼儿园建设工作。其次，要重视民族地区智慧幼儿园建设与实践研究。不同民族地区地域特征、历史、文化不同，因此要结合各地区特点，把智慧幼儿园建设与民族地区文化、语言、地域特征、历史背景相结合，根据各地实际开展应用研究，逐步摸索规律，找出适合各民族地区智慧幼儿园建设实践的最佳切入点。最后，要加强与发达地区的联系，积极建立资源共享平台。由于东西部经济发展存在差异，发达地区的教学资源总体优于民族地区，因此要通过互联网技术，搭建资源共享的桥梁，优化整合资源，使少数民族地区获取发达地区智慧幼儿园建设的宝贵经验与资源。

5.3 民族地区智慧幼儿园建设的对策建议

5.3.1 地方政府加大扶持力度，保证政策落实

民族地区教育资源相对匮乏，教育投入相对较低、师资水平相对落后，是我国教育扶贫重点帮扶的区域。其中，相较于义务教育与高等教育阶段，幼儿教育一直处于比较受忽视的境况中。因此，国家和地方政府对民族地区智慧幼儿园建设方面的政策支

持、财政扶助对于其建设具有十分重要的作用。一方面，中央应加大财政政策的支持力度，并进一步完善有关民族地区幼儿园信息化建设投入的政策；另一方面，地方政府要围绕民族地区智慧幼儿园建设研究制定配套的财政政策，鼓励企业等社会力量积极支持智慧幼儿园的建设与应用，共同促进教育公平。

5.3.2 教育主管部门统筹引导，解决实际困难

民族地区教育主管部门在智慧幼儿园建设中应积极发挥统筹引导作用，切实解决智慧幼儿园建设中出现的具体困难与问题，推动幼儿园智慧化水平提升。应积极探索建立区域智慧教育平台，运用大数据、人工智能等新技术手段对本地区智慧幼儿园建设进行统筹管理，并在幼儿园建设资金投入、设备设施使用维护、园长教师信息化素养提升等方面发挥指导作用。

5.3.3 幼儿园需转变管理观念，提高工作效率

民族地区的幼儿园园长应树立建设智慧化幼儿园的观念，逐渐转变校园管理理念，提升幼儿园的智慧化水平。幼儿园的方方面面都可以通过智能化管理达到减员增效的效果，幼儿园教师要积极运用高新技术创新教育教学方式方法，适应人工智能时代的人才培养要求，关注幼儿的综合素质提升。

5.3.4 家长积极配合参与管理，共创智慧环境

家长作为幼儿的监护人，在幼儿成长发展中起到至关重要的

作用。在智慧幼儿园建设中，家校共育是其中重要的组成部分。幼儿家长应积极配合幼儿园的智慧化建设要求，共同为幼儿建设一个智慧幼儿园，共同为幼儿创设一个智慧的学习环境，并有意识地培养孩子了解人工智能、大数据、区块链等高新技术，并与之共存共生、共同发展进步。

5.3.5 教育行业协会积极参与，制定相应标准

目前，各地智慧幼儿园的建设标准不一，民族地区一些幼儿园仍停留在传统校园建设阶段。为解决智慧幼儿园建设水平参差不齐的问题，教育行业协会应积极参与，组织权威专家和幼儿园管理者、一线教师共同制定智慧幼儿园的建设标准，以指导其建设。在智慧幼儿园评价方面，可从评估类型、评估制度、评估机构等多方面进行综合考虑。在评估机构方面，可以设立区域智慧教育建设评估中心，并颁发评估证书。

第 6 章

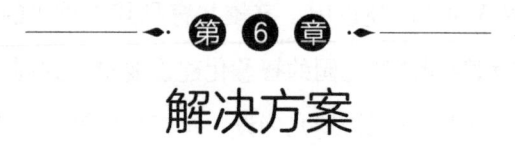

解决方案

6.1 幼儿园智慧化建设框架设计

本项目从民族地区幼儿园特点及需求出发,整合幼儿园信息化相关资源,强调智慧幼儿园信息化系统的应用研究,探索实现幼儿园信息化和智能化的基本要素,为智慧幼儿园建设提供"一站式"服务。(见图6-1)

图6-1 智慧幼儿园建设框架模块

6.2 幼儿园智慧信息化解决方案

6.2.1 多媒体课程资源系统

研究利用信息化手段开展幼儿园五大领域、主题教育及特色课程的实施，探索幼儿园教育教学的方法创新，课程与新技术融合及应用适宜性，为实现教育资源数字化、智能化，优质资源共享共建提供有力保障。

解决问题：提供五大领域、主题教育、特色课程等多媒体数字化资源，为幼儿园提供信息化优质教育教学工具，探索幼儿园教育教学的方法创新及课程与新技术的融合，梳理民族地区幼儿园课程特点及特殊性。

应用技术：互联网、多媒体、新媒体技术。

重要观点：实现幼儿园教育教学的方法创新及课程与新技术的深度融合，实现学前教育资源数字化，教学智能化，优质资源共享共建。

建议指导：民族地区幼儿园可以利用不同的智能信息化载体建立写字好习惯提醒系统：可以将正确的书写好习惯语言输入智能系统内，时时提醒幼儿学习掌握正确的握笔姿势，从认识手开始，为掌握正确握笔姿势做好铺垫。为了让幼儿掌握正确的握笔方法，也可以通过儿歌、游戏、比赛等多种游戏形式，以引导幼儿认识与握笔姿势相关的手指、手指的关节、指甲根部、虎口等多个部位为重点，为幼儿掌握正确的握笔方法做好铺垫。为帮助幼儿掌握正确的握笔姿势，将正确的握笔姿势和要领制成游戏课件，利用多媒体等多种智能手段与幼儿进行互动和游戏，通过游戏示范握笔的方法与要领。

6.2.2 游戏智能学习互动系统

研究幼儿园游戏活动引入助教机器人与教育机器人的适宜性、拓展教学情景、增加游戏互动、优化学习效果、记录幼儿发展指标等。

解决问题：将智能机器人引入互动和游戏中，进行智能场景中的互动和游戏，供幼儿自由探索、游戏，在玩中学、做中学。教师可借助AI辅助教学系统进行备课，并提供情景式游戏智能课程进行互动游戏。

应用技术：图像识别、语音识别、语音对话、机器人控制、运动导航系统、CAN总线技术等。

重要观点：通过智能机器人进入教学系统，增加教育教学的趣味性和游戏性，让教学形式更加立体、丰富、生动。

建议指导：民族地区幼儿园可以利用人机互动的场景，改变原传统模式下教师对幼儿实施就餐之后是否漱口监控，改善一教师负责多幼儿而导致的忙乱状况。在智能机器人进入幼儿园游戏场景系统后，此过程可以用机器人代替，输入幼儿喜欢的语言，"你漱口很认真!""你是个讲卫生的好孩子"等，来引导幼儿养成良好的卫生习惯。

6.2.3 幼儿学习效果在线测评系统

研究基于脑认知发展理论以语言、社会、健康、科学、艺术和认知领域为测评的要点，以优化学前教育教学活动为核心，以促进幼儿个体化学习与发展为根本目的科学化观察与测评工具。

建议指导：以脑与认知科学的行为观察、眼动、FMRI（功能性核磁共振）、认知测验、儿童ERP为研究方式，通过数据分析和智能匹配系统评测幼儿的实际表现，科学分析幼儿的发展特点和能力水平，帮助教师和家长定位儿童发展特点，从而提供个性化的整体解决方案。

应用技术：互联网、大数据及移动互联网技术。

重要观点：基于优质资源高效利用与复制的教评一体化智慧平台，完成观察、测评、分析及教育建议等系列活动，形成对教师每日活动建议的自动化推送平台以及面向各地区的教育资源共享平台，促进个性化教育方案的有效实施。

建议指导：民族地区幼儿园可以利用机器人代替传统的教师个别评价。将点赞、夸奖等语言输入智能系统，当幼儿有适当表现时，随时出现某种评价语言，引起幼儿兴趣，引导幼儿对智能化设备的应用兴趣，并有不断创新的欲望，创造性地应用到日常生活中。

6.3 幼儿园智慧信息化管理方案

6.3.1 幼儿园安全智慧管理系统

研究监控及门禁、智能机器人、人脸识别、安全预警及智慧后勤管理等系统在幼儿园后勤及安全管理中的实践应用，探索安全智慧管理保障指标体系，为实现幼儿园安全信息数据化提供支持。

解决问题：儿童入园离园识别、接送记录、预警、监控及智慧后勤管理等。

应用技术：采用物联网、互联网、传感器技术、人脸识别等技术。

重要观点：本切入点基于监控、人工智能、大数据及语音技术等新型门口智能终端，为幼儿园提供安全和后勤保障。

建议指导：如"接送记录"板块，民族地区幼儿教师可以通过幼儿园安全智慧管理系统随时了解孩子的接送情况，接送时通过抓拍等操作手段，保障孩子的人身安全；在"智慧后勤管理"板块，家长可以随时查看幼儿园由营养师细心搭配出的营养餐谱，与幼儿在家饮食进行合理搭配，让孩子的饮食更健康。

6.3.2 幼儿成长智能监测记录系统

研究幼儿园晨检、阅读、教育教学、活动区及儿童动作发展、成长数据指标监测和记录等系统的应用，探索记录的有效性，为幼儿园教育活动的开展及幼儿身心健康发展提供有效保障。

解决问题：记录儿童身高、体重、健康动作发展发育水平等数据，记录晨检、阅读、教育教学（区角）活动，记录和监测睡眠、运动等，为观察幼儿及促进幼儿身心健康提供信息化工具。同时，通过提供数据信息，使幼儿园教育活动的开展更具有针对性及时效性。

应用技术：采用物联网、互联网、传感器技术、云计算等技术。

重要观点：本切入点为在学前教育领域采用全智能化数据记录方式，以云计算的方式，归纳每名儿童的发育特征，使幼儿园的保育和教育工作提升到科学化和数据化水平，使学前教育的信息化迈向智慧化之路。

建议指导：民族地区幼儿教师可将幼儿园定期开展的幼儿健康体检记录，幼儿晨检、阅读、教育教学（区角）活动记录等数据上传至服务器，通过收集、分析这些数据，根据幼儿年龄、成长、性别和健康记录为幼儿提供活动指导，方便幼儿园和家长评估幼儿发展状况，为确保幼儿健康成长提供有力参考。

6.4 幼儿家园共育完善方案

《建议》提出："健全学校家庭社会协同育人机制，提升教师教书育人能力素质，增强学生文明素养、社会责任意识、实践本领，重视青少年身体素质和心理健康教育。"建设高质量教育体系，需要家庭、学校、社会各负其责、融为一体、协同发力。学校是人才培养的主阵地，家庭是人生的第一所学校，社会是人们谋生发展的大环境。"十四五"时期，不断提升我国教育水平和质量，需要推动德智体美劳"五育并举"和全员全程全方位"三全育人"相互结合、密切衔接。学校应努力为每一位学生提供适合的教育，引导学生自觉学习、自主学习，培养其创新思维和实践能力。家长应为子女讲好人生第一课，帮助其扣好人生第一粒扣子，养成良好的学习、生活习惯以及健全的人格。社会应树立尊师重教的良好风尚，统筹社会资源支持服务教育事业，让全社会都来关心和重视教育，汇聚起推动教育事业蓬勃发展的强大合力。

研究探索家园共育网络服务交流协作渠道，探索家园共育的有效途径，为增强家园教育合力提供支持。研究服务、管理、展示等信息化有效手段，提升幼儿园各项业务管理、决策支持、监测评价和公共服务水平。

解决问题：为家长提供与幼儿园交流互动的平台，提供报名、请假、缴费及分享膳食营养、卫生保健、学习活动、成长档案等成长过程中各种信息，推动家园共育。

应用技术：采用互联网、数据库技术、移动互联网（App）技术。

重要观点：以互联网技术和移动互联技术实现对园内业务的整合，实现家园共育的高效互动，并根据不同的园所需求满足每个幼儿园的个性化定制。

建议指导：民族地区幼儿园教师可根据智慧幼儿园系统中设计的网络档案袋推动家园共育活动。网络档案袋包括"在园活动""家庭活动""幼儿作品""幼儿言语""纪念栏""成长报告""评语"等多个栏目，幼儿园、教师以及家长可以根据本园及本班幼儿个性发展特点，选择不同栏目进行记录，突破幼儿活动记录的时空限制，真正做到家园合作深度化、专业化。

第 7 章
实践探索

　　本课题研究是以党的十九大精神为指导，以落实中央对民族教育工作的指示精神为宗旨，以人工智能、大数据、互联网+教育为契机，以优化学前教育管理与教学为手段，促进民族地区智慧幼儿园的建设，以提升民族地区幼儿园质量为目标，探索互联网+人工智能、大数据、云计算等现代技术在学前教育领域的运用，研究民族地区智慧幼儿园建设装备体系与实施策略，建构集智能安全、智慧管理、数据共享、信息互动等服务于一体的幼儿园信息化管理模式，提供更加丰富的教育资源，实施更加富有成效的教育服务，从而提高各级各类幼儿园信息化整体水平，推进民族地区学前教育现代化进程，为促进学前教育公平性做出贡献。

　　伴随知识社会的来临，驱动当今社会变革的不仅仅是网络，物联网、智能化又将成为学前教育信息化的一个切入点。学前教育正从夯实硬件基础、共享软件资源向整合智能平台的阶段快速迈进，促使学前教育进入智能幼教时代。从软硬件建设上看，幼儿园的信息化建设稳步发展，从单机到网络，从传统到多媒体、网络管理等，呈现良好的发展势头。从软硬件覆盖看，打通网络、电脑、手机的通信瓶颈，利用最新的网络技术、移动互联技术、云存储技术等，正在扩展网络、电脑、手机的传播途径，逐步实现服务载体及针对幼儿园园长、教师、家长等服务的全覆盖。从发展阶段看，随着硬件从信息化向智能化转变，幼儿园从之前的基础化、硬件化慢慢向智能化转变。一大批在互联网新时期成长起来的园长、教师具备移动互联网思维、智慧幼儿园的思维，这些学前教育工作者给幼儿园注入了生机和活力。总之，从使用软件到智能机，从互联网到物联网、大数据、人工智能为智慧幼儿园建设提供了技术支撑。这也是本课题组研究的基础所在。

课题组在调研中观察到，民族地区甘孜州举全州之力推进"智慧甘孜教育"建设，在"运用现代信息技术解决民族地区教育短板问题"工作中进行了积极探索，成功构建了甘孜智慧教育"123"模式总体架构。特别是以校一级信息化技术装备和资源运用为内容的"数字化校园"创建，成了民族地区信息化建设的典范，也为智慧幼儿园项目研究提供了可实践的经验。从以上实践可以看出，幼儿园在装备上已经能初步借助信息化工具，但还没有可遵循的智慧幼儿园建设装备规范，幼儿园智慧管理指标体系还没有建立。如何系统建立幼儿园管理系统、全面设计数字化多媒体课程、精准地记录和分析儿童活动，并利用大数据进行分析与评估，使幼儿园的管理和教育更加精准化、客观化、数据化，同时有效减轻教师的工作量，提高教师工作效率。围绕这个目标的研究，在学前教育领域尚属空白。针对调研的实践结果，本课题组联合热爱教育事业的多家科技公司，为试点幼儿园提供智慧化教育教学设备；联合一些创新企业为试点幼儿园提供安全管理系统、成长智能检测系统；结合幼儿园的工作与管理特点，开发形成一种专用软件，它具备管理软件的所有基本要素，同时也体现出幼教行业的特殊功能特点，希望能改善幼儿园的安全环境，即融合安全接送、教师考勤、视频监控与门禁于一体的智能化安全管理系统。也可以实现对幼儿园的智能管理，有效解决幼儿园接送难的现实问题。

课题组建议参与调研的科技人员对成长智能检测系统进行探索。成长智能检测系统能从效率提升、科学管理、数据决策、教育均衡等方面，体现其价值。用AI智能测评系统驱动个性化教育，减负增效，提高效率，变革方式，助力教师观测幼儿全方位的成长。

第8章
智慧幼儿园建设实践案例[①]

案例1：信息化互动课程与民族幼儿园特色沙嘎游戏的巧妙融合

甘肃省酒泉市肃北蒙古族自治县幼儿园

肃北蒙古族自治县幼儿园是肃北蒙古族自治县唯一一所公办幼儿园。幼儿分别来自汉族、蒙古族、藏族、土族、裕固族、东乡族、回族、满族等。其中少数民族幼儿占43%。教师分别来自蒙古族和汉族。目前，幼儿园已经全面完成信息化设备的升级更新，实现每班有多媒体一体机、班班通宽带，形成了多媒体教学课件共享平台，建立了录播室、多媒体教室，安装了户外LED大屏，购置了投影仪、数码相机等大量信息化应用设备。该园不仅注重硬件储备，同时"以幼儿发展为中心"，利用公众信息平

[①] 本章部分案例已在《全国民族教育信息化应用与实践优秀案例》(中央民族大学出版社2019年版) 中选用刊载。

台促进家园互动，实现信息化互动课程与特色活动的深度融合。尝试把幼儿园的沙嘎游戏活动与信息化互联网学习进行融合开发，构建幼儿自主探索和学习的网络课程平台。让孩子们的游戏活动更丰富、更有时代感。蒙古族有许多基于生活的体育和娱乐性游戏，例如玩"沙嘎"，沙嘎（羊拐）又称"夏盖"，是绵羊、山羊、骆驼、牛、青羊、黄羊等动物的四方形小踝骨。沙嘎游戏是一种蒙古族民间传统游戏，它具有鲜明的生活性、娱乐性和实践性等特征，易于激发幼儿的兴趣、积极性和创造力等。沙嘎游戏适合幼儿的年龄发展特征，有利于促进幼儿身体、认知和社会性等方面的和谐发展。沙嘎游戏代代相传，如今成了该园独具一格的特色游戏。由于历史、文化、信息化教学薄弱、受地域条件等多种因素的影响，甘肃省边远少数民族地区学前教育中的特色教学信息化发展中存在一些困境，使得特色传统游戏教学信息化发展步履蹒跚，明显落后于发达地区，面临着如何保护和发扬本民族优秀传统文化的问题。为此，笔者从甘肃省肃北蒙古族自治县幼儿园特色沙嘎游戏教育信息化发展实际状况出发，试就如何探索具有地方特色、适合蒙古族地区特色沙嘎游戏教育信息化发展之路，谈几点个人粗浅的看法，希望对边远少数民族幼儿园特色游戏信息化的发展起到积极的作用。

一、尊重认知特点构建特色主题模块

众所周知，游戏化、生活化的课程模式，是符合幼儿身心发展规律、认知特点的。肃北县幼儿园利用信息化网络课程打造游戏化学习体验，创设游戏化学习体验的物质基础，将已有的"沙嘎游戏"主题的关键经验、知识点和图片视频资源，融入课程设计中，使软件功能和已有课程充分整合、良性互动、生成发展、创意表现，最终促进园本化特色课程的建设和完善。当前，信息技术与幼儿园课程的整合、信息技术手段的使用，已为幼儿园教学活动开辟了一条新的途径。在信息技术的环境中，幼儿教师能快捷获取优质资源，丰富教学手段，运用视频、图片、文本等多种技术手段，直观、具体、生动、形象地展示认知对象，更符合幼儿的年龄特征和认知规律。

该园大、中、小班级积极推广沙嘎游戏活动，坚持从幼儿入手，以牧区学前教育为重点，利用多种教学手段，寓教于乐，把国家通用语教学贯穿于整个教学活动中。一是充分利用蒙古族自治县的特点优势，传承教授雪山蒙古民族的骨质沙嘎游戏、民俗礼仪、生活风俗等等。二是充分利用实物、模型、挂图等设备，形象、生动地传授国家通用语基础知识；三是采用音乐、动画、游戏等方式，充分调动幼儿学习的积极性；四是通过教授数字、图形、日常会话、观看光碟，听录音，唱歌曲，训练幼儿的语感，提高幼儿的会话能力。

该园在游戏室配置了蒙古包娃娃家，蒙古包娃娃家有蒙古族装饰多种、骨骼玩具，富有蒙古族特色。利用环境，不断完善和更新教具设备，不断创新信息化教育方法，运用各种教学活动形式，培养幼儿良好的学习、生活习惯，注重养成教育，发展幼儿智力，培养幼儿自理能力，促进幼儿体、智、德、美全面发展，为幼儿一生发展奠定基础，促进幼儿身心健康成长。

二、探索区角互动游戏活动

区角游戏活动是幼儿园一种新的教育载体。该园针对本园特点，从教师、幼儿、材料、环境等各方面进行反思、总结，查找问题原因，寻求解决方法。首先是每位教师对区角环境进行沙嘎游戏创设。每个学年年初，组织保教、教研组长、班主任进行沙嘎特色游戏教育活动安排，根据幼儿年龄特点，在不同班级创设不同的沙嘎区角游戏。在材料上，力求安全、环保、节俭、实用；在操作上，力求方便、耐用；在环境上，力求温馨、舒适，有家一样的感觉，能让孩子放松地玩耍；在内容上力求丰富、具时代感，不仅让幼儿运用已知经验，还能进一步提升他们的生活经验。是老师以信息技术展示沙嘎游戏成果。老师们把沙嘎区角活动的剪影、小视频等内容的回放在多媒体白板或教师手机上。这是孩子们最快乐、最有成就感的时刻。沙嘎游戏区角活动中信息技术的应用，方便快捷，给予老师丰富的教育资源，让该园的特色活动从区角环境创设开始，对孩子们产生强大的吸引力，从而促进区域游戏活动有序、有效开展。

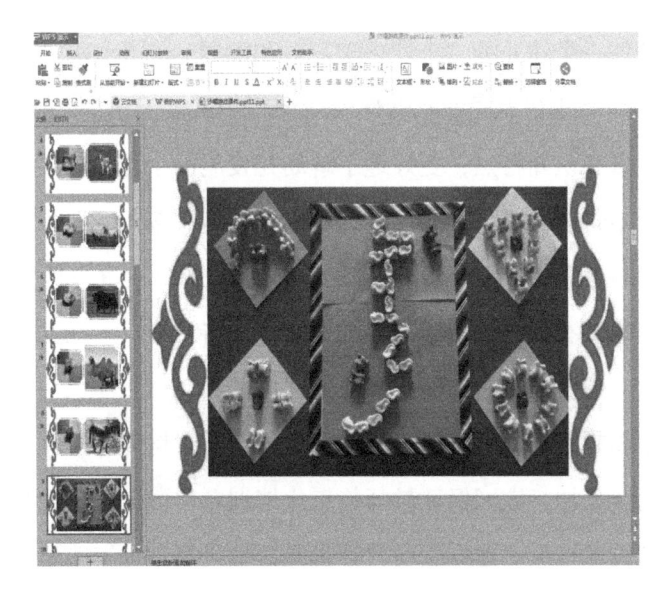

图 8-2　教师制作的 PPT 直观易懂

三、支持教师个性化教育与信息化教育的融合与利用

在信息化课程的支持下，幼儿的沙嘎游戏体验、互动过程等学习过程被及时地记录下来，教师可以通过幼儿操作的过程性记录，了解幼儿在各类活动中的停留时间、喜爱程度，了解幼儿对

活动的感兴趣程度，也可以了解各项活动的难易程度，评价幼儿完成活动的情况和熟练程度，为更好地开展特色活动提供支持。另外，教师可以根据前期的活动情况，对已有的教学活动进行改进，有针对性地对不同学习特点的幼儿进行引导，从而真正地做到支持每一个幼儿的"个性化学习"和发展。

了解幼儿在不同的互动性游戏课程中所展示出的不同兴趣、行为特点和认知特点，更好地了解幼儿发展的个性化需要。信息化课程结合过程性记录，使教师可以及时地、多角度地了解幼儿的阶段性发展状况，又为促进幼儿全面发展提供过程性评价工具，为教师有效改进教学提供数据实证支持。

四、信息化建设加快教师专业化成长

该园教师培训工作中短期培训、省、市级培训每年每位教师都能轮流参加。该园保证教师信息化培训专项资金，深入开展教师信息技术培训，建立优质教学资源共享机制，每年选派的教师和教育行政管理人员到教育发达地区挂职学习等，不断提高民族地区教师在信息化环境下的教学创新能力，提高师资队伍素质，缩小城乡师资差距，为提高民族地区的信息化教育教学质量，进一步加大了上级专项资金的匹配力度。

（一）开展信息化沙嘎活动竞赛

以充分发掘幼儿潜能、促进幼儿身心健康和谐发展为目标，

以传承民族文化为己任，不断吸收幼教改革思想，大胆探索，积极运用信息化科研成果，提高教育教学质量，做到了让家长满意，让孩子开心。

（二）建立优质信息化共享资源

肃北县教育局与内蒙古阿拉善盟教体局组织长期送教交流活动，该园每学期与阿左旗幼儿园进行相互支教活动。同时，不断选派青年教师赴省内外优秀幼儿园参观学习并加强教师的二级培训力度。采用走出去请进来的方式，为该园信息化课程的开展提供助力。

（三）增强教师专业观察总结能力

一直以来，学前民族特色教育活动缺乏系统的实用性强的教材，没有统一的学前民族特色教育活动教材参考书及信息化教材。近两年，该园鼓励骨干教师研发撰写具有本地域特色的沙嘎游戏及骨质游戏、民俗礼仪、生活风俗等教学内容园本教材，补充特色游戏教育活动教材，克服困难，在全园起到了示范、指导作用。课改示范课、学科带头人观摩课，配套课件作品，名师教案、课堂设计、教研论文以及案例分析、拓展课程等丰富的优秀教育教学资源，为教师的教学、教研提供了强有力的资源支持。

推进民族地区特色信息化教学是一项长期的战略任务。提供游戏化、互动性的学习体验，通过幼儿学习探索的过程性数据全记录，更好为教师提供个性化教学和有效开展信息化活动提供支持。我们将在持续探索信息化互动课程与民族幼儿园特色沙嘎游戏的有效融合路上一直走下去。

案例2：利用直播实现优质教育资源共享

银川市第一幼儿园

一、概述

《国家教育事业发展"十三五"规划》首次提出了"互联网+教育"："要实施教育脱贫攻坚行动计划，优化教育资源配置；同时强调要大力推进教育信息化，推动'互联网+教育'新业态发展。"

李克强总理在宁夏考察"互联网+教育"发展状况时表示，教育是获取知识、促进起点公平的关键，"互联网+教育"可以让偏远地区的孩子也能听到好教师讲课，开拓他们的眼界，点燃改变人生的火把。

银川一幼教育集团目前已发展出一园五校区，作为"互联网+教育"试点单位，承担着引领示范的任务，为了将银川第一幼儿园总园的优质教育资源辐射至分园乃至全区，结合该园现有的信息化软硬件条件，他们尝试在教学中使用了云犀直播平台，取得了初步的成效。

图 8-1　银川一幼家庭教育讲座《幼小衔接知多少》观看情况

银川一幼自 2018 年 10 月 23 日开始启用云犀直播平台，对教学研讨、观摩课、专家讲座、家庭教育等进行了直播，承担了全区创新素养大会直播任务，目前为止共直播 41 场次，部分直播观看人次数在千人次以上，尤其是钱春芳老师的《幼小衔接知多少》讲座观看达到 46701 人次，观看人员遍布全国各地，社会影响力非常大。（见图 8-1）

该园采用的云犀直播就是一台摄像机链接直播盒子，可随时移动，对活动场地没有限制，不一定非要在录播室进行，对现场的要求很简单，只要有 WiFi 就可以了；而且操作简单，不需要专业人员就可以完成直播；观看也非常简单，教师通过扫描直播二维码就可以观看，如同亲临现场，打破了地域限制，实现了资源共享。

二、主要经验

现在将该园利用云犀直播平台共享教育资源过程中总结的经验介绍如下：

（一）投入少，操作简单

使用云犀直播所需硬件就是一台云犀box（直播盒子）和一台高清摄像机，直播盒子自带的直播基础平台永久免费使用，投入资金在万元以内。建立直播活动只需要通过直播盒子输入活动名称和开始时间就完成了。

（二）任何场地都可以直播，无须建设专门的录播室

直播通过高清摄像机采集现场实时画面和声音，录像的教师可以根据现场活动情况调整镜头的角度，移动摄像机的位置，使不在现场的教师能够通过手机或者电脑全面观看了解现场教研活动，不用在专门建造的录播室里录制。

（三）实时反馈，即时线上研讨

通过手机或者电脑观看现场教研活动的教师，可以通过直播平台评论功能参加现场的研讨活动，开展线上研讨，相互交流学习。

（四）直播活动可长期保存支持回看

错过当天活动直播时间的教师或者需要重新观看学习的教

师，通过分享的直播活动二维码回看活动现场录像。

（五）分享简单，传播范围广

将平台生成的直播活动二维码通过微信或qq分享给需要观看的教师或者群，被分享的二维码还可以进行二次转发，达到一传十、十传百的效果，使直播资源最大范围地传播共享。

直播的形式打破了地域及场地的限制，通过网络将优质的学前教育资源共享出去，让不能亲临现场的教师、家长及兄弟园所通过直播平台学习，达到了处处能学、时时可学的目的。

直播平台的运用只是银川一幼开启"互联网+教育"的一小步，相信在园领导的领导下，银川一幼将会大力发展"互联网+教育"，为教育插上互联网的翅膀，缩小区域差距、校际差距，让优质教育资源、先进教育理念打破时空限制，在最偏远的角落也能落地、生根，为每个孩子的发展铺就厚重的基石，为社会公平提供坚实的起点支撑并贡献一分力量。

案例3：智慧教育 引领未来

广西实验幼儿园

在任何一个时代，儿童的健康成长，都是家长教师乃至整个社会所关注的主题。习近平总书记高度重视教育，一直将教育放在优先发展的战略位置上，认为"教育兴则国家兴""教育强则国家强",要求优先发展教育事业;强调实现中华民族伟大复兴,教育的地位和作用不可忽视。伴随智慧城市建设的深入,智慧教育、智慧校园必将得到进一步的普及和提升。

近几年来,我国越来越重视教育的发展,中共十九大报告提出要"优先发展教育事业""办好学前教育",强调建设教育强国是中华民族复兴的基础工程。幼儿教育作为教育的重中之重,对儿童未来的身体发育、心理发育有很重要的影响,因此幼儿教育也应积极响应国家的号召,让智慧化教育迈上新的台阶。在此背景下,广西实验幼儿园也走向了智慧化、信息化的学前教育之路,在推进民族地区智慧幼儿园建设领域增添更多数据应用实践经验和成果。

幼儿园秉承"每一个孩子都参与,每一个孩子都成功"的教育理念,为满足幼儿发展的需要,不断创设和优化环境。特别是以实习场为课程实施主阵地,创设了多种实习场,如美味厨房、便利店、创客木工坊、种植园、建筑工地等,支持幼儿在真实情境中体验成人职业带来的愉悦,促进幼儿健康、语言、社会、科学、艺术五大领域能力的发展。众多的实习场活动让幼儿在园一日生活变得更有趣味,对明天充满期待,更加喜爱幼儿园、热爱生活。

依托当今大数据、信息化、智慧化的条件,将幼儿园与大数据结合起来，通过对幼儿的持续观察，形成对幼儿真实行为的原始记录，取得真实可靠的数据信息，以保证对儿童各方面发展进行客观真实的描述性评价。关注儿童解决问题的动态过程，强调对幼儿的观察、记录应该在真实自然的生活情境中进行，以便形成对幼儿有价值的结论。

一、幼儿园教育发展现状

"互联网+""信息化教育"一直是近几年来的高频词语，互联网、大数据被应用到各个领域，信息技术的发展让人们的生活更加智能，更加便利，因此，智慧化、信息化的学前教育也必将成为新的发展趋势。

教育工作者认为，将互联网、大数据融入学前教育中，能够有效地提高教学效率，构建丰富的教育教学环境，使教师的教育教学更加有据可依，让儿童的身体发展及能力发展都可以数据的方式更加细节化、直观化、客观化。因此，智慧化、信息化的学前教育必将成为教育领域发展的新趋势，越来越多的学前教育者也对智慧化学前教育抱着更高的期待。然而现阶段智慧化学前教育理论和实践还未真正发展成熟，在某些地区还未得到重视，智慧化的学前教育之路还需进一步探索。

二、智慧幼儿园应用

儿童的健康和安全，是家长、教师乃至整个社会所关注的主题。而智慧幼儿园的目标，就是要利用科技和大数据的手段，提升儿童身体健康、安全水平。依托当今大数据、信息化、智慧化的条件，将幼儿园与大数据结合起来，自动生成每名儿童的每日活动流程数据，做到客观真实地了解每名儿童的发展状况。同时，运用大数据手段，数据自动上传至云端，不再需要手动记录相关数据，依据数据后台自动生成每名儿童的月度报告、学期报告，提升教学效率，缓解教师教育教学压力，用智慧化的手段将幼儿园的教育教学质量推向新的水平。

三、智慧化的管理模式

幼儿园行政管理主要包括对园所内部教师团队和园所园务的管理，对于园所来说是繁忙的日常工作。智慧幼儿园通过后台WEB端和手机App，将园所内的部门管理、班级管理、教师管理、学生管理等变得更加方便快捷。同时，通过App，家长可以随时看到园所发布的相关消息，看到小朋友的每日表现等等，让家长更了解小朋友在园所内的情况，与园所教师更好地合作，真正做好家园共育。

四、智慧化的数据管理

智慧幼儿园最核心的部分就是大数据的应用，有了大数据，儿童在园所的一日流程、具体表现都通过各种数据图形展现出来，让教师和家长都可以更加细致、直观地看到儿童的成长轨迹，将之前主观化的儿童一日表现变得可量化，可以与园所的同龄人对比，可以与全国的同龄人对比，更好地了解儿童发展处于一个什么样的阶段，在同龄人中处于一个什么样的位置。对于发展比较落后的儿童可以及时介入，帮助其赶上同龄人的发展脚步。

在后台系统可以查看对儿童每日数据（含运动量、睡眠、区角活动等）的统计与分析，可以查看本园所与平台上其他园所相关数据的对比情况，通过对儿童每月、每学期的数据整理分析，后台自动生成每名儿童的月度报告、保育报告、学期报告等，供教师、家长查看儿童每月、每学期的整体表现情况，也有利于信息的留存，在必要的时候进行信息追溯，更好地了解儿童的身体、心理、体能等各方面的变化发展。

五、智慧化的安全管理

幼儿园是儿童进园以后活动、学习、休息的场所，《纲要》提出"幼儿园必须把保护幼儿的生命和促进幼儿的健康放在工作的首位"。学前儿童正处于快速的生长发育期，年龄小、意识差、可塑造性强，儿童在园活动、学习、休息期间，幼儿的安全保护就显得格外重要，因此，必须要加强儿童在园所的安全管理。

智慧幼儿园的安全离园终端可以协助教师更好地保护儿童安

全。儿童在入园时，家长通过刷卡送儿童入园，儿童的智能穿戴式设备具有识别功能，可以识别儿童的入园和出勤情况；在离园时，家长、儿童较多，容易发生家长还没来、儿童却独自走出园所的情况，安全离园终端设备拥有双重验证、电子围栏的作用，儿童离园时需要通过家长刷卡解除设备的警报，如果在家长没有刷卡的情况下，儿童自行离开园所，设备会立即报警，吸引安保人员的注意，从源头上防止儿童意外走失。之前园所一般都是通过门口的门闸机，家长刷卡入园，保证家长是园所内的家长来接儿童离开，智慧幼儿园设备将注意点从家长回到儿童本身，从儿童的角度切实保障儿童的入离园安全。

在安全管理方面，除了儿童的入离园管理，还有一方面是儿童在园内一日活动的安全管理，儿童智能穿戴式设备收集儿童一日的各种动量数据，监测儿童异常数据，防止伤害事件发生，以数据方式甄别园内（虐童及儿童欺凌、伤害发生可能导致的）"行为严重偏离正常"儿童，进而提示园内教师关注、追踪该类儿童，并记录发生原因、解决方案。

六、智慧化的教育教学管理

园所的教育教学管理包含多个方面，包括儿童睡眠、运动、身体发育、区角活动和绘本阅读方面等等。

睡眠对儿童大脑的发育、身体的发育甚至心理发育的影响很大。之前对儿童午睡的观察都是通过教师一遍一遍地巡视，对于一些有小动作、翻来覆去的儿童，教师可能很轻易地就能发现，但是对于一些闭着眼躺在床上却没有进入睡眠状态的儿童，教师很难发现他是否已经进入了睡眠状态。智慧幼儿园设备可以通过数据来判断儿童是否已经进入睡眠状态，可以更好地记录儿童的睡眠时长、睡眠质量。

睡眠案例

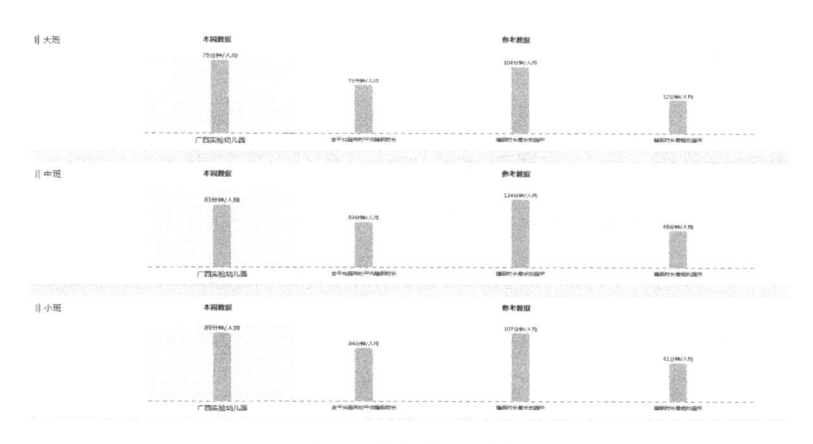

图 8-3　儿童的睡眠时长

图8-4 秦××小朋友睡眠情况（1）

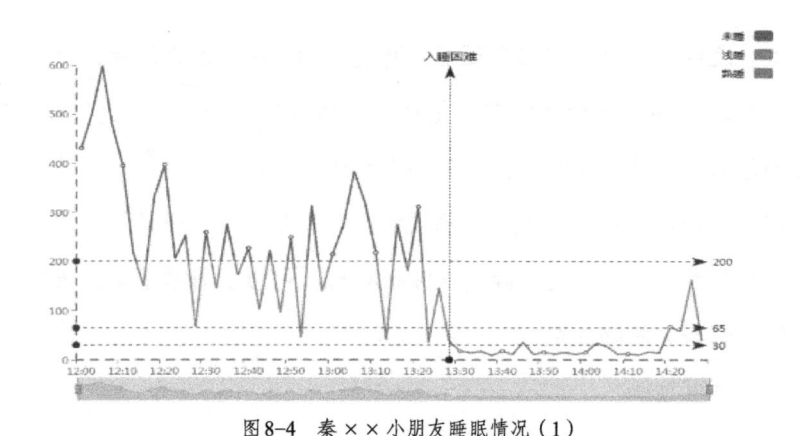

自2019年3月开始，该园对全园儿童的午睡情况进行了跟踪及对比分析。经过数据对比及分析，发现中班的秦××小朋友，睡眠时间偏短，睡眠质量较差。

针对这种情况，首先园长及教师积极讨论睡眠环境的问题，对班级的环境光暗度、声音、温湿度等因素进行排查，并对其他孩子的午睡情况进行了解对比，但效果不明显。经过与家长的沟通，发现在双休日，家长从不要求其午睡，因此，一直无法建立起良好的午睡习惯。经向家长强调午睡对儿童发展发育的重要性，家长认识到只有与园所共同实施家园共育，才能让孩子形成良好的行为习惯。经过家长和教师的共同努力，该名小朋友的午睡质量有了明显的改善。

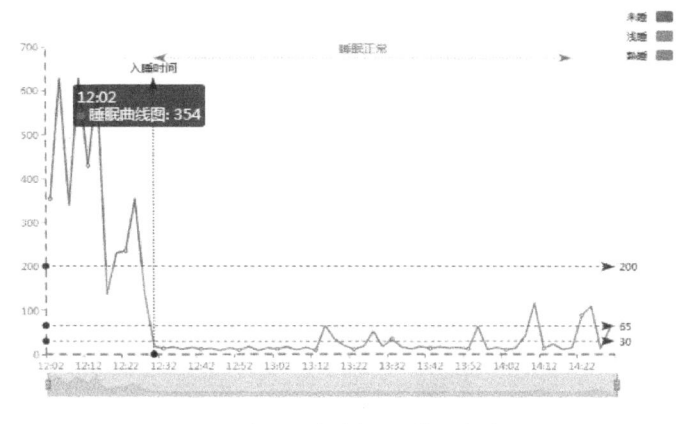

图8-5 秦××小朋友睡眠情况（2）

除了睡眠以外，运动对儿童身体发育、大脑的发育以及性格方面也有着很大的影响。《3—6岁儿童发展指南》提出，儿童每天需要两个小时的运动时长，相关文件也对儿童的运动强度有所关注。通过智能穿戴式设备，将儿童的一日活动时间、活动强度以数据化的形式记录下来，可以看出儿童运动了多久，是以哪种运动强度进行的运动，对于一些不喜欢运动或者运动过量的儿童可以尽早进行追踪，提出解决方案，为儿童的未来打下坚实的运动基础。

在发育方面准确的数据很重要，通过智慧幼儿园设备，儿童可以随时对自己的身高体重通过游戏的方式进行自主测量，减轻教师的工作量，便捷收集儿童的发育数据，更容易尽早发现儿童发育期间的问题。

发育案例

自2019年3月起，该园在全园范围内，对大班儿童的身高体重情况进行了动态筛查。

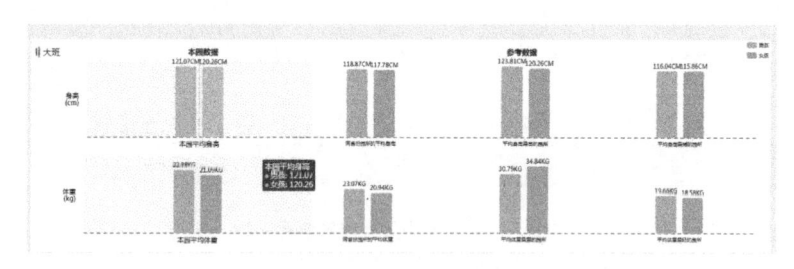

图8-6　儿童的发育情况

保健医生在对各班数据进行每月对比分析时，发现有一名孩子BMI指数偏高，身材偏胖。

在对该儿童的睡眠、营养摄入等方面情况与家长进行了多次沟通讨论后，均未发现问题。但在月度运动报告中，发现该儿童的运动强度明显弱于同班其他儿童。针对这一情况，保健医生会同体育老师，共同制定了多项符合儿童兴趣的体育练习课程，并重点关注该名儿童的运动情况，督促其恢复到正常的BMI指数。

在区角活动方面，通过数据可以查看儿童去区角的次数，在区角停留的时长，分析发现儿童的兴趣爱好，也可以根据数据来调整园所区角物料的投放，儿童喜欢哪一个区角、不太喜欢哪一个区角都可以通过数据化的结论展示出来，通过数据分析可以看出儿童的兴趣爱好是哪个方向，再将结果反馈给家长，会对儿童的未来发展有积极的影响。

智慧幼儿园绘本阅读有两个方面的维度，一个是儿童的兴趣爱好，她喜欢哪个类型的绘本，另一个维度是培养儿童的规则意识，培养儿童的责任感，训练儿童自主进行图书的借还。同时再配合儿童阅读时的动态数据，对儿童是否在认真阅读绘本进行跟踪查看。

幼儿园进行智慧幼儿园的建设初衷是建立多平台的儿童数据收集链，用于平等地关注每一名儿童；同时用智能手段，减轻教师的工作量。目前实现了儿童在园内一日活动场景数据化，通过建立数据模型，分析、筛选出异常，实现教师对异常儿童的个别化指导，跟踪改变，以此建设"数据"引擎的智能专家库理念。

智慧幼儿园将大数据、互联网与学前教育结合起来，把传统的幼儿园教育推进到结合大数据、云计算进行学前教育的研究和应用阶段，为园所提供了客观的教育依据，可以更加科学、精确、客观地了解每一名儿童的发展情况，为家长提供儿童发展发育的客观数据，及时对一些个别化的孩子进行指导，形成完善的教育教学方案，实现教育信息的共享，为儿童提供一个更适宜学习、生活的良好环境，为学前教育的发展提供了一个新的方向。

案例4：借力数字平台 家园携手共育

拉萨市实验幼儿园

作为自治区级示范幼儿园，"家园互动"一直是该园的工作着力点，也多次荣获拉萨市、自治区级家长学校的荣誉。2018年1月该园经过层层遴选，有幸成为中央电教馆"家园共育"百所数字示范园项目第二批试验园，也是西藏自治区首家试验园。从这一天开始，该园的"家园共育"工作掀开了崭新的一页。

一、"家园共育"数字化工作开展情况

（一）健全机制，实现家园共育规范化

虽然西藏是西部偏远地区，但是我们的教育理念并不偏远，拉萨市实验幼儿园也紧跟时代步伐，大力推进数字化教育，充分利用中央电教馆提供的"幼教三六五"平台，带动家长真正走到幼儿园的教育教学中来。

2018年3月，该园根据"家园共育"百所示范幼儿园项目指南，成立了项目专项工作小组负责具体组织开展活动，制定了"家园共育"方案。从而做到任务分解，分层落实，确保项目实施过程更具规范性、实效性，推进优质教育资源在幼儿园的广泛应用。

（二）针对问题，多措并举，高效应对

"家园互动"一直是该园教育的着力点，但是"家园共育"数字化项目，却是在不和谐的声音中前行的，起初，无论老师还是家长都觉得平台安排的任务过于烦琐。为了解除老师和家长们的疑惑，我们采取了以下做法：

1. 家长方面

（1）宣传理念转变家长观念

通过班级微信群、召开不同形式的家长会向家长们介绍"幼教三六五"平台，引导家长关注和了解平台，了解亲子陪伴的重要性。

（2）实际参与理解互动

组织家长委员会成员走进幼儿园，了解幼儿伙食情况、班级卫生消毒情况等。家长委员会和家长代表们通过实地参与园所活动充分发挥了示范带动作用，他们对"幼教三六五"平台先学先懂，并主动带动班级其他家长。通过家长带动家长，使班级教师开展活动更有了说服力和公信力。

（3）本着自愿购买的原则，通过班级教师将项目的指导用书《幼教365》杂志推荐给家长，给家长一个"照着做"的指导方案，发挥他们的主体作用。

2. 教师方面

（1）把中央电化教育馆的老师请进来，对老师们进行专项培训，组织全园教师学习幼儿园家园共育的相关内容，帮助和辅导教师开展项目工作。

（2）幼儿园为每班教师订购了《幼教365》杂志，并推荐国家教育资源公共服务平台给全园教师，给老师一个"用得上"的指导方案，发挥他们的主导作用。

3.在实际操作方面

主要通过开展各种活动形成共育氛围，主要的形式有：

（1）组织家长和幼儿共同完成亲子作品，以增强亲子关系。

（2）各班级布置"家园共育"展板，每月进行交流评比。

（3）组织教师在线学习：组织教师在线观看专家直播，撰写心得，并将优秀教师心得和家长心得收编成册。

（4）民族特色亲子作品展：将民族特色教育融入"家园共育"活动中。

（三）搭建平台，创造性地开展活动，形成有特色的家园共育工作模式。

该园创造性地开展各种亲子活动，使家园共育工作特色化。主要有：

（1）亲子户外活动

根据幼儿年龄特点以及教学主题等组织家长和孩子一起在户外开展活动，进一步增进亲子感情。

（2）亲子运动会

通过开展亲子运动会培养幼儿对体育活动的爱好，激发幼儿的运动潜能，体验运动的快乐，感受亲子游戏的乐趣。

（3）亲子主题活动

每逢传统节日等，各班级组织家长开展形式多样的亲子活动，给老师、家长、孩子创造更多的交流机会，增进感情。

二、"家园共育"数字化工作实施效果

（一）形成了家园携手、合力共育的常态化模式

因地域原因，各班级都存在爷爷奶奶带孩子的现象，该园借力"幼教三六五"平台，利用现代信息技术引领下的家园共育联通模式，为家长提供陪伴、教育孩子的具体方法，让家长照着去做，唤醒家长的家园共育角色意识，有效改善家庭教育三无局面（无方向、无工具、无办法），补齐了家庭教育的短板。幼儿园和家长间形成了优质资源"共享、共学、共育"的合作模式，家长真正成了幼儿园的教育伙伴，家园共育合力显著增强。

（二）提升了教师的专业能力

在开展项目活动后，该园改变了"走出去、请进来"的传统学习模式，借助学前在线和三六五平台，老师们足不出户通过收看专家直播，在与名家名师的互动交流中提高专业技能，增强了家园沟通能力。

各年级教师、幼儿园教研工作坊教师以"家园共育"为中心，自发、自主地开展多种形式的研讨活动，包括问卷式研讨"家园共育形式之我见"，现场式研讨"亲子阅读（绘本漂流袋）的重要性"、辩论式研讨"如何做好防小学化倾向的各项工作"等，让家园共育真正迈向家园共构共研。

2018年11月2日，在自治区电教馆积极统筹、全面协调下，该园成功举办了"家园共育"现场交流会。通过汇报分享、现场展示等活动，向大家诠释了幼儿园如何通过开展活动营造"家园共育"氛围，明确了家园合作的重要性，拉近了家园间的距离，为推动"家园共育"项目在全区顺利实施、实现家园高效合作、促进幼儿健康成长奠定了坚实基础，也为"家园共育"项目在全区幼儿教育领域的广泛应用和推广发挥了示范引领作用。

（三）促进了幼儿全面健康发展

陪伴是孩子最喜欢、最向往的活动，亲子作业实现了孩子们的最大愿望。幼教三六五平台每周二都会准时发放亲子作业，通过和家长一起完成亲子作业，孩子们的动手能力、思维能力都得到了很大的提高，同时孩子们也更自信、更乐观。

自从开展项目活动以后，许多家长都说：以前孩子喜欢宅在家里看动画片，现在回家后喜欢拼拼摆摆、涂涂画画，和爸爸妈妈一起玩亲子游戏，做手工、看图书，还喜欢帮助家长做力所能及的家务活，从这些点点滴滴的变化中看到了孩子的成长。

该园参与"家园共育"项目已一年有余，并在2019年3月被中央电教馆正式授予第二批"家园共育"数字园称号。在得到授牌通知的时候，全园教师满心的喜悦载着满满的收获，回顾一年多的"家园共育"项目工作，在项目负责人的带动下，该园的家园共育工作接地气、聚人气、有生气。

虞永平教授这样解读家园关系，他认为："家长把孩子送到幼儿园，不是交出了抚育儿童的责任，而是家长有幸遇到了专业合作者，共同来抚育儿童的成长。"该园在家园共育的探索之路上有幸得到中央电教馆"家园共育"百所数字幼儿园项目实施的指导，在项目实施过程中，教师们不仅看到了幼儿园"家园共育"效果的提升，更看到了教师、家长和幼儿的共同成长。作为西藏自治区首家示范园，该园将充分发挥示范引领作用。在以后的工作中，努力将"幼教三六五"亲子平台、学前在线、杂志等优秀资源引入园本课程，深入贯彻"一日生活皆课程"的理念，成为符合时代发展的现代幼儿园。

案例5：软硬件设施助力幼儿园管理更便捷更安全

近年来，不断创新的硬件设备应用给幼儿园的日常管理和教学带来很大改变，它们不仅为教师和幼儿提供了更便捷安全的教学生活环境，还为孩子的健康成长提供更具弹性的空间，是值得高度关注的新动向。

北京一零一中实验幼儿园

一、智能 Led 屏幕

交互式教育的发展趋势，促使越来越多的学校将数字化教学搬入校园，Led屏幕作为数字教学的载体，已悄然走入成千上万个幼儿园。不同于传统的板书教学，LED显示屏能提供更加智能的教学体验。多彩的画面、动感灵活的显示效果、人工智能的交互体验……这种沉浸式教学无疑更有利于孩子的认知发展。

北京一零一中实验幼儿园小剧场及会议室等的LED场景采用P2.5间距产品及P1.8间距产品。采用4K超高清主屏，零贴合制作工艺，减少反射提高可视效果，整机采用三拼接平面一体化设计，外观简洁。两侧副屏可支持多种媒介进行板书书写，4毫米物理防眩光、防飞溅、抗冲击钢化玻璃设计，光线柔和，观看画面清晰可见。这套屏幕支持Android 9.0 + Windows 双操作系统，灵活切换轻松应对多场，实现了丰富多彩活动场景的应用。高精度纳米触控膜投射式电容触摸技术，可采取手指或电容笔实现多人书写，定位精准，书写便捷，支持多人多端无线投屏线上协作，沟通无阻。这套显示系统屏幕边框采用铝合金超窄包边，挂式拼接，四周无锐角，安全可靠，保证了在幼儿活动场景中的使用安全。

二、智能广播系统

在孩子入园时间自动播放幼儿歌曲、音乐、问候语等，下午放学时，自动播出欢乐的儿童音乐，欢送小朋友回家，并叮嘱注意事项。幼儿中午午睡时可以自动播放助眠轻音乐，辅助孩子快速进入睡眠状态，午睡时间结束时播放轻柔欢快的唤醒音乐。园长可在办公室内实现对各班、老师办公室等的管理，传送重要讲话通知等。门卫室如有紧急情况等可在门口对各班教室及办公室广播通知。

三、智能灯光系统

据调查，我国校园教室的照明普遍存在以下问题，灯具光通量低，配光、布置不合理等导致照度低，均匀度差；使得桌面偏暗，造成学生学习时不得不埋头或调整坐姿以便看清书本上的文字或读写，长期可能诱发早期近视，所以解决灯光问题要从娃娃做起。

照明灯光设计以"均匀布光""宁亮勿暗"为原则，灯光均匀合理布局，可照顾到空间的每一个部分的光照，即使在智能教室的摄像录制过程中各个区域的光照亮度也能达到最佳，可以最大程度防止录影中出现影子。该幼儿园的照明设备环保标准高于国标限用要求，采用全封闭式结构，确保灰尘、蚊虫、蜘蛛等不能进入灯具内部结构，外部易清理。

幼儿园采用全光谱微晶灯配套专业的灯控系统，在房间部署操控面板，可进行灯的开关和光亮度的调节。灯光控制器主要对教室照明设备进行统一的管控，通过灯光模块可以对教室的照明灯进行集中控制。如果有一卡通设备，通过刷卡可以启动设备，也可作为老师身份的识别，与校园卡无缝集成兼容。

项目名称	北京一零一中实验幼儿园	
学校性质	公办	
功能模块	融合大数据管理系统	基础数据管理系统
	LED显示屏系统	智能灯光系统
	智能广播系统	一站式智慧校园全应用接入管理系统
案例图		

石家庄开乐贝贝国际幼儿园

一、AR场景互动系统

AR场景互动系统整合了全息影响、互动游戏、数字孪生、裸眼3D、CGL特效、数字沙盘等技术，通过AR/VR/MR，4K/8K/12超高清影视动画等媒介形式输出。它利用影像及二维码识别技术，结合3D立体成像技术，是一种有机结合的高科技展示系统。这套系统可以实时地计算摄影机影像的位置及角度并加上相应图像、视频、3D模型技术，可以在屏幕上实现与现实世界的互动。

这种将真实世界信息和虚拟世界信息"无缝"集成的新技术，是把原本在现实世界的一定时间空间范围内很难体验到的实体信息（视觉信息、声音、味道、触觉等），通过电脑等科学技术，模拟仿真后再叠加，将虚拟信息应用到真实世界，让感官有所感知，从而得到超越现实的感官体验。真实的环境和虚拟的物体实时叠加在一个画面或空间中，可以让孩子们体验身临其境的互动教学。

二、系统简洁操作方便 适合幼儿园使用

孩子与大屏幕之间的AR互动，通过红外感应设备捕捉人体动作，并通过系统分析处理捕捉到的动作。这套系统的优点在于：1.无须佩戴任何感应设备，真正实现无接触式人机互动；

2.识别精准，灵敏，稳定，使用便捷；3.可以锁定使用者，不受他人的干扰；4.可根据使用场景定制手势及这些手势对应的互动指令；5.展示效果多样化，可根据需求定制多样化的体感互动效果。

项目名称	开乐贝贝国际幼儿园
学校性质	私立
功能模块	AR场景互动系统
案例图	

石家庄亚龙双语幼儿园

一、园区内管理系统

1.校园考勤系统：配套校园多媒体考勤机，可提供请假、公出、考勤等流程的线上审批及管理，提高园内的工作审批效率，让幼儿园教师、教辅工作人员更便捷地开展工作。

规范幼儿园日常工作秩序，系统、科学、有效地管理幼儿学籍资料、家长资料，提升管理效益。自动采集幼儿的入园、离园等考勤信息，助力财务高效、便捷地完成收退费工作。园长查看每日财务报表也简洁便利。

系统化的物资管理功能板块，把控物资入库申领渠道、有效管理固定资产，解决日常消耗物资难以统计管理的"糊涂账"难题，助力幼儿园进行数字化转型，把关幼儿园保教质量，有助于幼儿园形成一种良好的工作、学习与生活秩序。

2. 通知管理系统：幼儿园老师可以及时捕捉到园内的通知、公告，不错过重要的信息。园方发布流程也更加简洁，让信息快速到位。

3. 档案（健康）管理：学生档案管理完备，可录入幼儿的各项基础资料，支持导出、查询、打印等功能。平台内置健康档案管理模块，可对园内幼儿日常体检数据进行电子化管理。

二、安全管理系统

1. 休息场所监控：将幼儿园网络视频监控系统安装在孩子们的休息场所，可以全面地了解幼儿的休息情况。通过该系统，老师们可以随时方便地查看孩子们的休息情况，便于合理减少人力投入，降低管理成本，提高工作效率。

2.提高教学质量：系统可以对监控点的实时场景进行录像，并将录像资料存储起来。利用该功能，幼儿园可以将孩子的日常学习、生活等情况保存下来并进行分析，以制订或调整教学、养育方案，积极开发孩子们的潜能，提高教学质量。

3.家长远程探看：利用幼儿园网络视频互动系统，孩子家长无论是在本地、外地甚至在国外，只要具备网络环境，便可通过系统客户端登录到监控系统，看到孩子在园内的实时生活情况，抓拍到孩子珍贵的视频资料；同时，还可以通过系统设置的通话功能，与监控点的教师、孩子进行通话交流。

4.活动场所监控：幼儿在玩耍时，往往会出现一些安全问题，有时在老师的观察范围之外，从而带来安全隐患。将幼儿园的网络视频监控系统安装在孩子们的活动场所，可以实时了解到幼儿的活动情况，防止幼儿在玩耍过程中出现安全问题。

三、其他安全保障系统

1.校车安全系统

校车安装GPS定位、超速报警、安全防滞留、应急求助等系统，实现车辆自身安全、行驶安全、信息监督安全。这样，即使孩子单独乘坐校车往返家园之间，家长也能安心放心。

2.无感测温系统

人脸识别测温是非接触智能测温，能自动对面部进行体温测量并同步显示该学生体温数值,且测温数据可以实时推送到家长的手机端。这一系统不仅保障幼儿入园安全,也能使家长随时了解孩子在园内的健康状况,实现更安全、快捷、高速地对幼儿进行健康管理。

项目名称	亚龙双语幼儿园	
学校性质	私立	
功能模块	校园考勤系统	通知管理系统
	档案(档案)管理系统	智能视频监控系统
	校车安全系统	无感测温系统
案例图		

软件开发助推智慧幼儿园建设

一、智慧安全

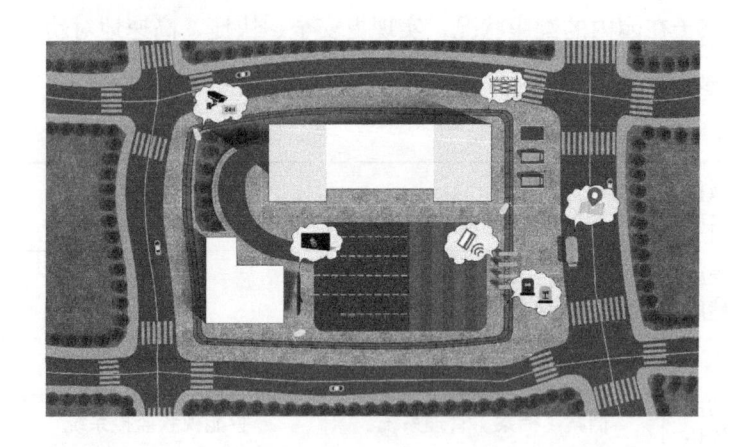

1. 监控安防

智慧管理软件通过使用新增智能摄像头或原有符合规范的智能摄像头，运用 AI 智能算法进行特征识别，赋能传统监控平台，进而实现智能监控，对异常行为、异常人员等进行标记识别警告，同时也可对校内人员进行人脸特征采集，通过训练 AI 算法实现人员行动记录，进而实现实时监控、实时报警、实时处理，为校内安全保驾护航。

2. 电子围栏

通过物理传感器对校区的安全区域与危险区域进行划分，联合小朋友身上的定位装置，实现实时监控小朋友是否越过或接近围栏，保证安全；并对外界物体进行检测，判别是否有其他人员非法进入。可提供校内双向安全防护网，提升整体安全等级。

3. 异常报警

如果小朋友在幼儿园中出现危险和异常行为，可以通过大屏和老师手机及时通知报警。极端危险情况（例如出现非法闯入）会触发校园警报。根据不同的报警级别，教职员工可采取不同的反应策略，实现分级应对，分层处理。

4. 智慧接送

幼儿园门口设立多个道闸门禁，家长可通过二维码或刷脸方式接送学生进出校门，同时系统会记录接送人员信息。

特殊情况需委托他人接送时，家长可以通过在移动端临时授权二维码的方式，托付1人在有效时间内接送学生。家长在移动端上可以实时查看学生的进出校情况以及具体接送学生的人员信息、音视频记录等。做到小朋友的接送过程时刻有人看护，接送人员身份透明，小朋友出入校状态透明。

5. 安全数据孪生大屏

数字孪生平台会对校区范围进行1∶1还原的三维建模，并结合物联网、IOT传感器、AI智能算法、数据分析等核心技术，实现数据驱动、三维模型支撑、软件系统定义、实时精准映射、AI智能决策，实现校园情况一目了然、小朋友状态实时监控、教学交互生动有趣。

二、智慧课堂

1.交互课件

通过可交互课件，让小朋友运用抢答器、摄像头等终端设备，采集师生、生生交互信息，与课件中的内容实时交互，提高学习的趣味性。交互课件可根据教研内容持续迭代，以符合新的教学需求，保持持续创新。

2.智慧课堂

使用智慧幼儿课堂系统，可将带有压力感知的画面投影在教室地面的屏幕上，小朋友通过走动、触摸实时参与，可以进行识字、组词、造句、算数等等一系列趣味教学活动。这种教学辅助技术可以帮助老师从固有的教学模式中走出来，培养孩子动脑、动手的能力，并结合跑跳等动作，让孩子在教学过程中动起来，既学到知识，又活动身体。

运用智慧幼儿课堂系统的地面压感屏幕，小朋友的参与度大大提升，获得不一样的上课体验。课程和软件内容持续进行更新迭代，积累了海量课程库，让课堂变得丰富多彩。

运用软件平台及智慧积木玩具，可以让学生在课堂中搭建的积木实时在大屏上渲染成对应的虚拟三维模型，并根据组成的模型样式，通过AI在大屏上联想出对应的事物，培养孩子的想象力和创造性。

3.智慧机器人

为解决校园安全隐患问题、增强家长与校园活动的互动、提升家长参与教学活动的积极性，智慧机器人被应用于每个教室，可实现自动抓拍、自动选优、自动巡逻、自动告警、家长远程留言嘱托、视频记录、自动回充等功能。

4. 智慧手环

为适应不同家庭的需求，手环为家长可选配件，用于幼儿的健康监测、精准定位，可实时同步到家长移动端。3D 打印机可为每一位同学定制打印专属的个性手环外观。

5. 智能书包

为提升幼儿书包的安全性，同时考虑幼儿身体成长需求，智慧书包嵌入了自研芯片和 GPS 定位器。书包符合人体工程学原理的设计可避免脊柱发育问题，配套的无感硬件则具备必要的安全保护功能。

三、家校互联

1. 家长 App

家长App/小程序（或称"家长移动端"）集成多重功能，目的是通过统一的移动端，将学校、课堂、学生的状态或信息实时同步给家长。家长移动端设计秉持易用、不强制下载App、功能丰富、辅助教学等设计思路。家长移动端功能包括：消息实时推送、学生点滴时刻、周期性报告、接送管理、远程留言嘱咐、信息查询、活动公示等。

（1）消息推送

通过后台系统实时推送小朋友的最新状态信息，例如进入校园、进入班级、离开班级、摔倒、受伤、心跳加速、开心时刻照片等，旨在将学生在校的重要事件和变化自动地实时推送给家长。

（2）在校点滴时刻

通过智能机器人、智能摄像头等硬件设备，配合AI人工智能算法，识别学生在课堂上的精彩瞬间，并自动以音视频、照片等方式记录下来，实时上传到对应家长的移动端相册中。家长可以通过移动端选择中意的照片留存。

（3）周期性报告

系统自动将日报、周报、月报、年报通过移动端推送给家长，家长可以浏览报告查看学生信息。报告内容包括：成绩统计、奖励统计（包括但不限于小红花、勋章等）、兴趣爱好得分

（不同的兴趣爱好得分不同，供家长参考着重培养）、兴趣课堂得分、健康状况、上下学统计、饮食情况等（可以分析一段时间内摄入食材补充的各种营养信息）。

（4）接送管理

幼儿园门口设置多个道闸门禁，家长可通过二维码或刷脸方式接送学生进出校门，系统会记录接送人员信息。

特殊情况需委托他人接送时，家长可以通过在移动端上临时授权二维码的方式，托付他人在有效时间内接送学生。家长在移动端上可以实时查看学生的进出校情况以及具体接送学生的人员信息、音视频记录等。

（5）远程留言嘱咐

为提升家长关爱幼儿的效率、拓宽家长参与教学管理的途径与方式，家长移动端设置了家长留言功能。家长可以通过移动端每天至多发送3条20秒内的语音内容，机器人可自动寻找对应小朋友播放家长的嘱咐语音内容，并全程记录反馈到家长移动端。

（6）信息查询

家长可通过移动端查询当日课程表、当日食谱、当日学生状态（在教室、在食堂、在休息室）等。

(7)校园活动公示

为增进家长对学校的了解，避免因信息不同步造成误会等问题，平台可通过移动端将校园的活动信息、发展信息等定期以公告形式推送给家长，增强校方与家长间的联系和互动。

2. 学校智能系统

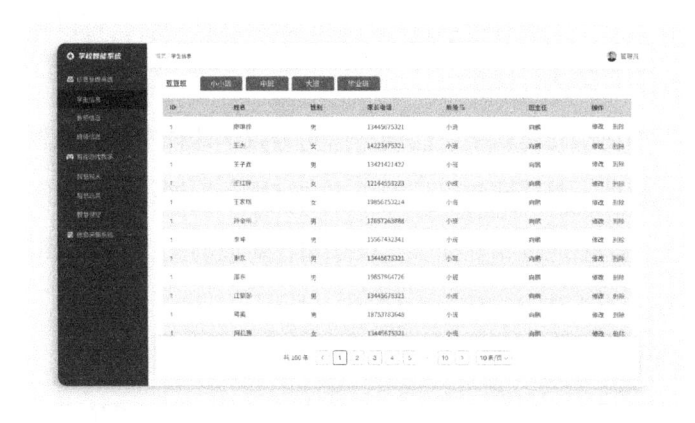

(1)智能拍照

为了帮助家长参与学生成长过程的重要瞬间，通过智能机器人、智能摄像头等硬件设备，配合 AI 智能学习算法，自动识别学生在课堂上的精彩瞬间，并通过音视频、照片的方式记录下来，推送给家长。

(2)信息后台管理系统

完善的信息后台管理系统可以使校方通过管理员账号登录

后，动态管理智慧幼儿园的所有功能及数据。

（3）智能游戏教学系统

为实现趣味教学，让教师寓教于乐，让学生在学习知识的同时增加体育锻炼，设计者开发了智能游戏教学系统。该系统由软件（智能游戏教学软件集）及配套硬件（压感分布式大屏）组成，安装在教室中，配合可以持续升级的教学软件集合，可以辅助教师组织大量趣味性课程。

例如在幼儿园识字、组词、造句等教学课程中，任课教师打开教学软件，需要造句组词的单个文字即分别展示在不同区域的大屏上，学生通过相互配合，按序站在对应的文字上完成组词造句任务。

（4）信息采集系统

为达到动态稳定调配全部信息并分配到对应子系统中进行数据决策或功能使用的目的，系统整合了多种软硬件，包括手环、智能芯片、智能书包、智慧积木、智慧机器人、智能校徽、智能门禁、校车定位器，通过AI数据分析系统，对采集到的信息进行分类、分级处理。

四、智慧画像

为全方位分析学生兴趣及当前能力，为学生发展规划提供依据，系统设计者根据教室内各类传感器收集的数据，同步老师的主观反馈，结合系统中各类成绩的历史记录，综合分析小朋友的各项学习信息、兴趣信息、特长信息、健康信息，对以上信息进行 BI 数据分析，并展示为对应的图标内容，辅以 AI 智能分析系统总结，可为家长定期提供学生发展状况画像报告。家长可以此报告为依据，判断学生兴趣爱好，合理设置学习目标。

五、智慧硬件

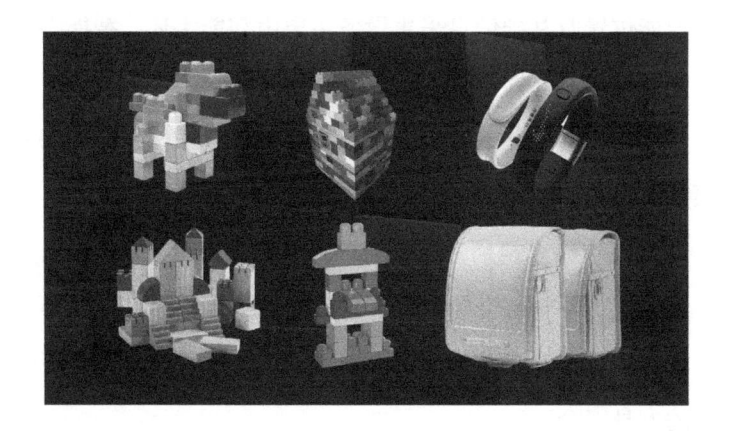

（1）智慧积木

运用智慧积木，可以充分开发幼儿想象力及创造力。学生在课堂中搭建的积木可以在大屏上实时渲染成对应的虚拟三维模型，同时根据模型样式联想对应的事物，以此增强活动的趣味性和启发性。

（2）智慧机器人

为解决校园安全隐患问题、增强家长与教室的互动、提升家长参与教学的积极性，系统设计者开发了智慧机器人，可应用于每个教室，实现自动抓拍、自动选优、自动巡逻、自动告警、家长远程留言嘱托、视频记录、自动回充等功能。

（3）智能位置及基础信息采集设备

智能位置及基础信息采集设备主要由智能手环、智能书包以及智能校徽组成。

为满足不同家庭的需求，手环为家长可选配件，用于幼儿的健康监测、精准定位，并实时同步到家长移动端。

智慧书包嵌入自研芯片与GPS定位器，符合人体工程学原理，可避免引发学生脊柱发育问题；配套的无感硬件提供必要的安全功能，可一键发送位置给家长；一键报警等功能则全面保护学生的人身安全。

智能校徽嵌入了芯片，用于智慧接送、电子围栏等未来校园的基础传感芯片，可实现无感佩戴、无感同行。

（4）智能门禁

智能门禁增强了接送学生的安全性及灵活性，并拓展了可追溯途径，家长通过扫道闸、门禁二维码、刷脸的方式进行辨别放行，在接送学生、外来人员等场景下可自动记录相关影像，在进一步保证安全的前提下，提高了门禁管理的灵活性，增强了追溯性。

（5）校车定位器

为解决因长时间等候可能产生的安全隐患问题，平台结合校车上的智能定位传感器，可以在校车移动时实时检测校车位置，并在家长移动端提醒校车即将到达的时间、报告小朋友乘坐校车进入幼儿园的时间等。

参考文献

[1] 教育部教育信息化战略研究基地（华中）.中国教育信息化发展报告（2017）[M].北京：人民教育出版社，2019.

[2] 教育部教育信息化战略研究基地（华中）.中国教育信息化发展报告（2017）[M].北京：人民教育出版社，2019：14.

[3] 教育部教育信息化战略研究基地（华中）.中国教育信息化发展报告（2017）[M].北京：人民教育出版社，2019：18.

[4] 教育部教育信息化战略研究基地（华中）.中国教育信息化发展报告（2017）[M].北京：人民教育出版社，2019：30.

[5] 克里斯廷·格罗鲁斯.服务管理与营销：基于顾客关系的管理策略（第二版）[M].北京：电子工业出版社，2002：51.

[6] 联合国教科文组织国际教育发展委员会.学会生存：教育世界的今天和明天[M].北京：教育科学出版社，1991.

[7] 刘晶波.师幼互动行为研究——我在幼儿园看到了什么[M].南京：南京师范大学出版社，2006.

[8] 柳倩.国际处境不利儿童学前教育政策[M].上海：华东师范大学出版社，2012.

[9] 崔丽.偏远贫困地区山村幼儿园存在价值的研究[D].上海：华东师范大学，2017.

[10] 付荣文.公众参与视角下的外语教育政策规划研究——以贵州民族地区基础教育为例[D].上海：上海师范大学，2019.

[11] 陈琳，王蔚，李佩佩，李冰冰.智慧校园的智慧本质探讨——兼论智慧校园"智慧缺失"及建设策略[J].远程教育杂志，2016，34，4.

[12] 耿珍.教育信息化的新阶段："从数字校园"到"智慧校园"[J].计算机时代，2019，2.

[13] 胡钦太，郑凯，林南晖.教育信息化的发展转型：从"数字校园"到"智慧校园"[J].中国电化教育，2014，1.

[14] 黄荣怀，张进宝，胡永斌，杨俊锋.智慧校园：数字校园发展的必然趋势[J].开放教育研究，2012，8，18（4）.

[15] 吉文昌.教育满意度测评方法与原则[J].教育研究，2015（2）：83.

[16] 刘景容，刘淼."互联网+"时代的智慧幼儿园建设探索[J].中国教育信息化，2020，03.

[17] 马小芳.信息技术在学前教育中应用的研究综述：热点、趋势及启示[J].中国教育信息化，2019，22.

[18] 马振中.智慧幼儿园背景下的家园共育研究[J].教育现代

化，2019，6（77）.

[19] 苗家安.有感于珠海"万人评政府"活动[J].现代人事，2000（6）：32.

[20] "全国教育满意度测评研究"课题组.基础教育满意度实证研究[J].教育研究，2016（6）：33.

[21] 沈洁，黄宇星.智慧校园及其构建初探[J].福建教育学院学报，2011，12，6：122-125.

[22] 史大胜，曹鑫莉，董美娟."互联网+"背景下民族地区学前教育信息化建设的机遇、挑战及应对策略[J].中国电化教育，2018，5.

[23] 王美，徐光涛，任友群.信息技术促进教育公平：一剂良药抑或一把双刃[J].全球教育展望，2014（2）：39-48.

[24] 吴建南，庄秋爽.测量公众心中的绩效：顾客满意度指数在公共部门的分析应用［J］.管理评论，2005（5）：55.

[25] 吴颖骏.浙江大学：基于"云"的智慧校园[J].中国教育网络：2010，11：25-26.

[26] 颜铂为，李敏.焦点与趋势：我国学前教育信息化研究20年[J].陕西学前师范学院学报，2020.2.36（2）.

[27] 张娜.公众对区域基础教育满意度影响因素研究——基于北京市公众教育满意度调查[J].中国教育学刊，2012（8）：22.

[28] 赵希,张学敏.我国民族八省区教育经费投入回顾与前瞻——基于2005-2014年的数据分析[J].教育发展研究,2016,17.

[29] 宗平,朱洪波,黄刚等.智慧校园设计方法的研究[J].南京邮电大学学报(自然科学版),2010,4.

[30] 任友群.40年教育信息化发展"变与势"[N].中国教师报,2018-12-26.

[31] 德勤.5G赋能中国智慧教育[R].Deloitte China,2020-11.

[32] 卢佩珊.2019年中国教育信息化行业研究报告[R].头豹研究院,2020-8.

[33] 2017年世界儿童状况:数字时代的儿童[EB/OL].https://www.baidu.com/link.2020-9-29.

[34] 成都市教育局关于印发《成都市幼儿园等级评定办法》的通知[EB/OL].http://www.cdwh.gov.cn/wuhou/c133604/2019-12/11/content_265cb1b2b77a4bf39e107008eb52159b.shtml.2020-9-30.

[35] 国家市场监督管理总局.中国国家标准化管理委员会.顾客满意测评模型和方法指南(2009)[EB/OL].http://www.dina.com.cn/news/UploadFiles/GBT19038.pdf

[36] 国家中长期教育和改革规划纲要(2010-2020年)[EB/OL].https://baike.baidu.com/item/.2020-9-29

[37] 国务院关于印发国家教育事业发展"十三五"规划的通

知[EB/OL].

http：//www.moe.gov.cn/jyb_xxgk/moe_1777/moe_1778/201701/t20170119_295319.html. 2020-9-29.

[38] 教育部关于印发《教育信息化2.0行动计划》的通知[EB/OL]. http：//www.moe.gov.cn/srcsite/A16/s3342/201804/t20180425_334188.html，2020-9-29.

[39] 教育部关于印发《教育信息化十年发展规划（2011-2020年）》的通知[EB/OL]. https：//www.baidu.com/link. 2020-9-29.

[40] 教育部关于印发《幼儿园教师专业标准（试行）》《小学教师专业标准（试行）》和《中学教师专业标准（试行）》的通知[EB/OL]. https：//www.baidu.com/link.2020-9-29.

[41] 五部门关于印发《构建利用信息化手段扩大优质教育资源覆盖面有效机制的实施方案》的通知[EB/OL]. http：//www.cac.gov.cn/2014-11/24/c_1114112447.htm.2020-9-29.

[42] 中共中央 国务院关于学前教育深化改革规范发展的若干意见[EB/OL]. http：//www.gov.cn/zhengce/2018-11/15/content_5340776.htm. 2020-9-29.

[43] 中共中央、国务院印发《中国教育现代化2035》[EB/OL]. https：//www.csdp.edu.cn/article/4615.html，2020-9-29.

后　记

爱花花结果，爱柳柳成荫。课题组全体成员经过近两年的努力，已经形成了比较理性的思想体系，这个思想体系贯穿于办学实践的始终，直接体现着我们课题研究的思路，决定着我们研究的发展方向，逐步形成了自己的研究成果。在整个研究过程中，我们不仅要在研究方法和研究体系上达到高度契合，还要克服疫情带给我们实地调研的困难，但数据分析的连续性是我们在实际研究中始终坚持的原则。

一是实事求是客观分析，清楚准确地评价每一项工作。例如，在研究过程中运用调查法、行动研究、园所试点等方法对民族地区智慧幼儿园的建设现状进行剖析，发现民族地区智慧幼儿园在建设过程中普遍存在普及化程度不高、教师信息化素养不足等方面的问题。

二是重视理性思辨。理论经验化，经验理论化，有演绎能力，归纳出自己的理念，使理性思辨与演绎、归纳结合。本研究积极响应国家信息化建设发展号召，紧密结合当前科技发展新动向，以互联网、人工智能、数据应用等最新科技手段为依托，探索信息技术在幼儿园领域应用的深度和广度，研究构建智慧幼儿园的基本途径。基于智慧幼儿园现状、资源整合、建设瓶颈、建设切入点、建设框架、区域性推进方式、建设方法、实施路径以及发达地区与民族地区信息化资源共享、发挥园长幼师主体作用等维度，提供民族地区智慧幼儿园信息化建设的整体方案。

三是审时度势，不断研究，在研究中提炼。在学习中研究，在研究中学习。在实践中研究，在研究中实践。在阐述中研究，在研究中阐述。在撰写中研究，在研究中撰写。在工作状态下研究，在研究状态下工作。学习工作化，工作学习化。在学习中感悟，在感悟中学习。在研究中发现，在发现中研究，形成了系统思考，整合主体思考和动态思考。经过两年多的努力提炼形成了《推动民族地区智慧幼儿园建设对策研究总报告》。

我们的研究是多层次的，即历史的、现在的、未来的，站在历史和未来的角度看待研究成果。

虽然我们取得了阶段性成果，但是我们知道未来的路还很长。党的二十大的召开，又给我们提出了新的课题。办好人民满意的教育，就是要以人为中心，就是要重视师生的参与，把心用在人本上，把手抓在关键上，把脚踏在校园的土地上，把工夫花在自身的提高上，把文章做在实施发展上。

借此图书出版之际，我要感谢课题组全体成员的无私奉献，感谢教育部民族教育发展中心的信任。在资料查询和分析过程中，我们得到了中央民族大学、中国人民大学、青海师范大学、重庆第二师范大学、北京大学关工委立德树人教育基地等研究机构和个人的支持。在调研过程中，我们还得到北京大学附属幼儿园、北京师范大学附属幼儿园和广东省清远市连山壮族瑶族自治县、广西壮族自治区桂林市平乐县（贺州市钟山县）、海南省陵水黎族自治县、黑龙江省大庆市伯特蒙古族自治县、湖北省宜昌市长阳土家族自治县、湖南省怀化市靖州苗族侗族自治县、吉林省延边朝鲜族自治州延吉市、辽宁省朝阳市喀喇沁左翼蒙古族自治县、内蒙古自治区赤峰市巴林左旗、宁夏回族自治区固原市袁州区、重庆市石柱土家族自治县等所属幼儿园和学校的支持。在课题成果发布过程中，我们得到贵州省黔西南布依族苗族自治州教育局、贵州省黔西南州兴义市教育局、贵州省兴义市百春幼儿园的大力支持。在信息化技术支持工作方面，我们得到了上海柏阳软件有限公司，贝芽智能科技（苏州）有限公司的支持，在此一并表示感谢。

路漫漫其修远兮，吾将上下而求索。课题组成员愿意以只争朝夕的态度，一如既往地研究下去，因为我们相信，不是看到了美好才选择出发，而是出发了，方遇到美好。我们会在推动智慧幼儿园建设的道路上，一路前行，为我国的幼教工作做出新的贡献！

编者

2022年10月